# Der EDV Raum, unendliche Zeiten…

*Wir schreiben das Jahr 2014*

Tagebuch zur Rehe Maßnahme „ Zurück in Arbeit 2014"

von Arno Meier

Bibliografische Information der Deutschen Nationalbibliothek:
Die Deutsche Nationalbibliothek verzeichnet diese Publikation
in der Deutschen Nationalbibliografie; detaillierte bibliografische
Daten sind im Internet über www.dnb.de abrufbar.

© 2015 Arno Meier

Herstellung und Verlag:
BoD – Books on Demand, Norderstedt

ISBN 978-3-7347-9050-8

## Der EDV Raum, unendliche Zeiten, wir schreiben das Jahr 2014

Weil es dazu gehört...:
Namen aller betroffenen Personen sind frei erfunden. Ähnlichkeiten mit tatsächlich existierenden Personen wären rein zufällig. Wer sich allerdings in der einen oder anderen Rolle wiedererkennen möchte oder will, möge dies gerne tun. Viel Spaß. Von mir beschriebene Situationen sind natürlich subjektiver Natur, können aber jederzeit von beteiligten Teilnehmern bestätigt werden. Die Einrichtung nenne ich mal DIE SCHULE.

### Vorwort

### Samstagabend 08.02.2014

Am heutigen Abend habe ich mich entschlossen loszulegen. Ganz richtig ist das nicht, eigentlich habe ich vor drei Nächten wachgelegen und gegrübelt. Macht es Sinn diese Informationen schriftlich und auch zeitintensiv festzuhalten oder nicht. Ich bin zu der Überzeugung gekommen das die Antwort ja lautet. Gründe hierfür später oder wenn sie mir zwischendurch einfallen oder wenn sie sich selbst erklären.

### Einleitung

Die Vorgeschichte zu dieser Darstellung meiner Tage als DIE SCHULE Schüler ist relativ kurz und unspektakulär. Ich bin ein, im neudeutschen würde man sagen Burn-out Patient oder wie mir lieber ist ein ausgebrannter. Nach fast 4 Jahren als Vertriebsinspektor bei einem großen Schleswig - Holsteinischen Verlag und einer davor liegenden 15 Jährigen Zeit als Vertriebsbeauftragter war vor 3 Jahren die Zeit gekommen das sich mein Körper und meine Psyche in einem recht angeschlagenen Zustand befanden. Dies hat mich nach längerer Zeit über die hilflosen Versuche des Arbeitsamtes dazu gebracht wieder selbst aktiv zu werden und meine Zukunft nicht mehr in die Hände eines hilflosen Sachbearbeiters (Hallo Herr Tomczak) zu legen. Ich stellte einen Antrag bei der Rentenversicherung zu einer Maßnahme, welche es mir erleichtern sollte mich nach längerer Zeit ohne geregelte Tätigkeit wieder ins geregelte Arbeitsleben zu integrieren. Nach zwei Ablehnungen, den dazu gehörigen Einsprüchen durch mich war es dann nach ungefähr 12 Monaten soweit. Ich bekam im Oktober 2013 einen Bewilligungsbescheid für die Maßnahme mit dem Namen:**Zurück ins Arbeitsleben**. Nach folgendem Gespräch mit dem zuständigen Sachbearbeiter der Rentenversicherung Bund, Herrn XXX wurde mir der Start für den 06.01.2014 ermöglicht. Ausführendes Element sollte die DIE SCHULE Hamburg werden.

## Die Vorbereitung

Zum Thema Vorbereitung gibt es wenig zu sagen. Nachdem ich mich selbstverständlich im Internet schlaugelesen hatte, und mir auch keine Alternative geboten wurde, nahm ich wie vereinbart Kontakt zur DIE SCHULE auf und vereinbarte mit der dortigen Kraft Frau Mertens einen ersten Gesprächstermin zwecks gegenseitiger Vorstellung und Sondierung. Dieses Gespräch fand dann kurzfristig in den Räumen der Die Schule, Süderstraße 79 a statt. Freundlich wurde ich empfangen und mir inhaltlich erklärt wer und was DIE SCHULE so darstellt. Ich hingegen freute mich, als mir eine Erfolgsquote der Vorgängergruppe von über 70% genannt wurde. Als Skeptiker der ich glaube zu sein, versetzte mich diese Zahl in ein schwebendes Gefühl. Ich konnte es nicht glauben. Aber auf mein Nachfragen hin wurde diese magische Zahl nochmals bestätigt. Ich glaube, 40% hätten mich schon glücklich gemacht, aber bei 70% schien ich wohl am Ziel meiner Träume angekommen. Hier sollte mir geholfen werden. Schlagartig wurde mir bewusst, Meier damit stehst Du unter Druck. Wenn es vor dir 70 schaffen, du darfst nicht im nächsten 30 er Topf landen. Also ans Werk und den Termin gemacht und bei Herrn XXX bestätigt. Die nötigen Unterlagen, derer es viele sind hatte ich schnell zusammengetragen und an die Rentenversicherung gesandt. Für mich kein Problem nach jahrelanger Bürotätigkeit, für andere Kollegen im folgenden Probanden genannt, eine große Stressarbeit. Auch wenn im Kreise der Beteiligten häufig missmutig über die Abwicklung durch die Rentenversicherung gesprochen wurde oder wird, kann ich diesen Punkt nicht bestätigen. Ablauf, Abwicklung, Zahlungen etc. sind bei mir einwandfrei abgewickelt worden. Nun gut, hier muss jeder seine eigenen Erfahrungen machen. Es liegt sicher auch viel an der eigenen Tagesform und sicher auch an der des zuständigen Sachbearbeiters. Aber, jeder hat es geschafft.

## Die Mitwirkenden

Ich habe beschlossen die Mitwirkenden in diesem spannenden Lebensabschnitt in 3 Gruppen zu teilen. Komplett sind sie nicht.

### GRUPPE 1

Die erste Gruppe besteht aus dem zur Schule gehörenden Personal inklusive derer die Ihre Arbeitskraft der Schule als Dozenten zur Verfügung stellen.

1. Frau Wegschau     Leitung
2. Frau Mertens      Päd. Mitarbeiterin
3. Frau Rotbach      Psycho. Mitarbeiterin
4. Frau Wollent      hab ich nie begriffen
5. Plaut Ditesch     EDV Dozent
6. Lenin             Englisch Dozent

### GRUPPE 2

Die zweite Gruppe besteht aus meinen direkten Mitschülern welche mein Schicksal ab dem 06.01.14 teilten.

Michaela, Katrin
Ivonne, Silke( Tipp 10)
Menderes, Mike
Rainer, ich

### GRUPPE 3

Die dritte Gruppe besteht aus Teilnehmern der Gruppe die vor uns startete.

Michaela 2, Fred,
Rainer 2, Ute,
Pamela, Oliver,
Johanna, Maren

## Der erste Tag

Montag 06.01.2014

Nachdem mir im Vorwege telefonisch mitgeteilt worden war, dass mein erster Tag als Teilnehmer der Maßnahme ZURÜCK IN ARBEIT ein kurzer werden würde, startete ich gut gelaunt und wie empfohlen nur mit einem Kugelschreiber ausgestattet meinen Weg zur Schule in Hamburg-Hammerbrook. Der Weg war mir ja schon durch mein Kennenlernen - Gespräch bekannt. Pünktlich um 9 Uhr wie es meine Art ist erreichte ich die Räumlichkeiten und wurde durch das Personal in den kleinen aber angemessenen Aufenthaltsraum gebeten. Zu meiner Freude saßen hier schon weitere Personen, die sich im Laufe der kommenden Stunde als Teilnehmer der gleichen Maßnahme herausstellen sollten. Nach einigen Minuten des Wartens und Schweigens trudelten noch weitere Teilnehmer ein und so kamen wir auf die stolze Zahl von 8 Personen. Diese 8 Personen sind oben unter Gruppe 2 benannt. Wenig spektakulär, wie soll es auch anders sein, wurde die Einrichtung durch Frau Mertens nochmals im Plenum vorgestellt und die Möglichkeit gegeben Fragen zu stellen. Wie so oft in solchen Situationen war es eher ruhig. Nach einigen Worten zu dem weiteren Ablauf der kommenden Tage bekam jeder der Probanden die Möglichkeit sich kurz vorzustellen, kurz was über sich zu sagen, was ich als angemessen und nicht überspannt empfand. Jeder fand ein paar kurze Worte zu seiner Person und gut. Danach ging es daran dass jeder Teilnehmer eine umfangreiche 22-seitige Mappe ausgehändigt bekam, welche im Anschluss gemeinsam durchgegangen wurde. Jetzt sollte mir bewusst werden, warum ein Kugelschreiber als elementares Werkzeug des ersten Tages gefordert worden war.

Es kamen zur Unterschrift:

- Der Schulungsvertrag
- Hinweise zur Teilnahme an der Maßnahme „ Zurück zur Arbeit"
- Freiwillige Entbindung von der Schweigepflicht ( Rentenversicherung)
- Freiwillige Entbindung von der Schweigepflicht ( Praktikumsanbieter)
- Beschwerdemanagement
- Datenschutzerklärung einfach
- Anweisung zur EDV Nutzung
- Sicherheitsbelehrung

Des Weiteren enthielt die Mappe noch einige Mustervordrucke und Infoblätter. Ich glaube im Nachherein nicht, das irgendwer diese ja gelesen hat, kann es aber nicht belegen. Das soll es dann auch schon fast gewesen sein. Nachdem die kompletten Mappen wieder eingesammelt wurden, gab man uns noch eine Führung durch die Räumlichkeiten. Aufgrund der Beschränktheit dieser, dauerte die Führung dann ca. 2 Minuten. Was soll man sich auch großartig anschauen. Nach der Führung wurden wir auch schon entlassen und es wurde für den kommenden Tag der pünktliche Beginn auf 8 Uhr festgesetzt. So schnell wie alle gekommen waren, verschwanden Sie auch wieder. Auf nach Hause, wo ich meiner Frau welche am heutigen Tag Spätdienst hatte kurz berichtete. Viel gab es ja nicht zu erzählen.

## Der zweite Tag

Dienstag 07.01.2014

Mit guter Laune und ausgeschlafen starte ich mit wenig Aufregung, Motivation und großer Spannung oder vielleicht Erwartung in den zweiten Tag der Maßnahme. Von den anderen Probanden hatte ich bislang ja nur sehr wenig mitbekommen und so war ich gespannt mit wem ich die kommenden 6 Monate verbringen sollte. In Anbetracht der Tatsache, dass erst einmal 8 Menschen mittleren Alters aufeinander treffen, von denen jeder sicherlich eine komplett andere Historie mitbringen würde, machte mich verdammt neugierig. 8 Menschen, 8 Charaktere, 8 Lebensgeschichten usw. sollten meinen Aufenthalt noch recht interessant werden lassen. Davon später mehr. Wie schon am Tag zuvor traf man sich im Aufenthaltsraum wo ein kurzes guten Morgen ans Personal und Abtast-Kurzgespräche zwischen den Teilnehmern stattfanden. Wie gestern schon kurz angekündigt würde ein Bestandteil der Maßnahme ein Englisch Kurs sein. Um erst einmal herauszufinden wo man sich bezüglich seiner Kenntnisse befand, wurde vorgeschlagen, das alle Probanden an den ersten 2 Tagen sowohl den Anfänger als auch den Fortgeschrittenen Kurs besuchen sollten um später selbst zu entscheiden, in welchem Sie verbleiben wollten. Das machte auf mich einen schlüssigen Eindruck, da mir selbst nicht bewusst war, wo ich mich einzuordnen hätte. Schulenglisch, diverse England Besuche zwecks Shopping und Fußball sollten mich dann im Fortgeschrittenen Kurs landen lassen. Aber erst einmal weiter im Ablauf und Geschehen. Auf der folgenden Seite der Stundenplan für die Erste Woche unseres Aufenthalts, welcher uns ausgehändigt wurde. Die sollte einer von Dreien werden und Seltenheitswert erlangen.

| Kurs: Reha Hamburg | | Stundenplan | | Woche vom 06.01.14 bis 10.01.2014 | |
|---|---|---|---|---|---|
| | Montag | Dienstag | Mittwoch | Donnerstag | Freitag |
| 1. Block 08.00-09.30 Uhr | Einführung | Englisch Fortgeschrittene Herr | Englisch Anfänger Herr | EDV Herr | EDV Herr |
| Pause 15 min. | | | | | |
| 2. Block 09:45-12:00 Uhr | | Englisch Fortgeschrittene Herr I<br><br>Einführung Progressive Muskelentspannung Frau V. K | Englisch Anfänger Herr I<br>Übungsaufgaben Englisch Fortgeschrittene<br><br>Einführung Atementspannung Frau | EDV Herr J | EDV Herr |
| Pause 45 min. | | | | | |
| 3. Block 12:45-15:00 Uhr | | Bewerbungstraining Frau | Bewerbungstraining Frau E | EDV Herr | EDV Herr J |

Der Englischunterricht sollte dann im kleinen Schulungsraum stattfinden. Für 8 Teilnehmer völlig ausreichend, später sollte mir aber bewusst werden, dass die Personenzahl in allen Räumen sehr unterschiedlich ausfallen sollte. Zu dem was später kommen sollte, war dies ein guter Raum. Wir bezogen also unseren, ich nenne Ihn ab hier Schulungsraum. Es herrschte frei Platzwahl. Ich bezog einen Platz in der hinteren Reihe neben Michaela und Menderes. Wie es immer so ist, sollte sich zukünftig an der Sitzordnung wenig ändern. Jeder hatte wie immer seinen Stammplatz erobert und meine Zeiten als Platzwanderer sind vorbei. Früher hab ich mir gerne jeden Tag einen anderen Platz gesucht um Studien zu betreiben, dazu hab ich heutzutage aber keine Lust mehr. Dann stellte sich unser neuer Englischlehrer vor. Herr Lenin. Ein freundlicher und sehr gebildeter Mann, der seinen Unterricht gut aufbaut, motiviert ist und ich denke Spaß an der Sache hat. Ich hatte das Gefühl, das er, für unser aller Niveau, überqualifiziert war. Im Folgenden, werde ich Ihn Lenin nennen, obwohl er Wert darauf legt, außerhalb des englischen Sprachgebrauches, mit Sie angesprochen zu werden. Das hab ich natürlich auch so gehandhabt. Die erste Englischeinheit wurde absolviert und es war relativ schnell klar, dass wir zukünftig in zwei Gruppen werden Unterricht nehmen müssen. Menderes und Ivonne teilten sich selbst zu dem Anfängerkurs ein. Das war angemessen, alle Anderen waren im Gebrauch erfahrener, was nicht heißen soll, das wir gutes Englisch sprachen. Ich denke jeder von uns hätte sich gut im Ausland verständigen können, egal ob die Zeiten stimmen oder nicht. Lenin ist da Perfektionist, haut gerne seine zeitlichen und sprachlichen Fachbegriffe raus, aber auf interessante Art und Weise. Keineswegs Oberlehrerhaft oder unangenehm. Man lernt sehr schnell, was man alles verlernt hat. Zum Ende des Unterrichts beschlossen wir trotzdem die Einheit am zweiten Tag nochmals gemeinsam zu verbringen. Anschließend an unsere Englischs Stunde fand die Einführung in die Progressive Muskelentspannung durch Frau Rotbach statt. Mir war das Thema nicht neu, ich hatte es bei einer vorhergehenden 6 Wöchigen Reha im UKE kennen gelernt. Im Gegensatz zum UKE wo das Thema sehr ernsthaft und durch sehr fachkundiges Personal durchgeführt wurde, ging Frau Rotbach die Sache etwas rustikaler an. Austragungsort Schulungsraum. Durchführung, ich lege dann mal die CD ein und entspannen Sie sich mal schön. Wer will, kann sich ja auf eine der 3 vorhandenen Gymnastikmatten legen. In welchem Hygienischen Zustand sich diese befanden, ich möchte nicht drüber nachdenken. Also krampfhaft losgelegt und ich war froh als es zu Ende war. Dieses Angebot war zukünftig freiwillig, ich habe nie wieder daran teilgenommen. Die eingelegte CD ist übrigens kostenlos bei der Techniker Krankenkasse zu erhalten wenn man dort Mitglied ist. Liebe Frau Rotbach, das war nichts, obwohl Sie doch eine so angenehme Stimme haben. Wenn man sich etwas eingehender mit diesem Thema beschäftigt, kann man diese Übung hervorragend selber durchführen. Die Stimme der Sportlehrerin im UKE war ein Traum!!! Ivonne schien interessiert. Ich hab ihr nächsten Tag meine CDs geschenkt. Mögen Sie Ihr im eigenen Heim Entspannung bringen. Nach der Mittagspause folgte nun die Erste Einheit Bewerbungstraining mit Frau Mertens. Selbstverständlich, nutzten wir alle diese Einheit zum besseren kennen lernen und natürlich um uns das weitere Vorgehen im Allgemeinen anzuhören. Vorab wurden natürlich schon kurze Pausen und auch die Rauchpausen genutzt um sich zu unterhalten und etwas über den Anderen zu erfahren. Als Nichtraucher nutzte ich die Pause genauso wie die Raucher, erstens um frische Luft zu schnappen, zweitens um an der Kommunikation teilzunehmen. Wieder musste ich die Erfahrung machen das sich Personen sehr schnell finden können, durch die Art der Kommunikation, Inhalte, die Art auf Andere zuzugehen usw. Sympathie und Antipathie spielen hier die große Rolle. Da ich recht kommunikativ bin und wenige Hemmungen habe, mit anderen Menschen ins Gespräch zu kommen, hatte ich überhaupt keine Probleme mich zu integrieren. In Michaela und Mike sollte ich sofort angenehme Mitprobanden finden. Sowohl von Ihrer Art als auch Ihrer Einstellung, fanden wir so glaube ich, auf Gegenseitigkeit beruhend recht schnell zueinander. Das sollte erst einmal so bleiben. Der Tag neigte sich um 15 Uhr dem Ende was jedem recht war. Neue Menschen, neue Eindrücke usw. reichten erst einmal aus, um für den Abend genug Material zu haben, um es Revue passieren zu lassen.

## Der dritte Tag

Mittwoch, 08.01.2014

Rainer, einer der Mitprobanden ist nicht da. Er wird 14 Tage später wieder einsteigen. Erste Ausfälle. Wir starten in den dritten Tag, weiterhin gespannt was die Woche uns noch so alles bringen wird. Ich hatte am vorherigen Tag die Pausen größtenteils mit Mike und Michaela verbracht. Geplaudert über allgemeines, viel weiter war man in der kurzen Zeit ja nicht gekommen. Es hatte sich aber wohl eine gegenseitige Sympathie gezeigt. Meine Informationen über die unterschiedlichen Historien der einzelnen Teilnehmer halte ich bewusst heraus solange sie nicht unbedingt notwendig sind. Ich denke das gehört hier nicht her, allerdings Situationen welche während meines Aufenthalts geschehen sind, werde ich schildern. Diese basieren sicherlich auch auf mitgebrachten körperlichen Leiden als auch auf psychischer Belastung. Also weiter im Tagesablauf. Wir haben kurzfristig mit Lenin beschlossen, den Unterricht jetzt getrennt durchzuführen. Die etwas Englisch schwächeren blieben erst einmal mit Ihm im Schulungsraum. Mike, Michaela, Katrin und ich begaben uns in den kleinen Aufenthaltsraum. Hier erhielten wir von Lenin Übungsaufgaben für die Fortgeschrittenen zur Eigenarbeit. Soweit so gut, dann kam es zur ersten merkwürdigen Situation. Während der gemeinschaftlichen Eigenarbeit schweifte das Gespräch natürlich auch zu diesem und jenem Thema ab. So sprachen wir auch über das Thema Computerkenntnisse und was wer so zuhause einsetzt. Mir war vorher schon Kathrins nervöse und irgendwie in sich sehr unruhige Art aufgefallen. Nachdem Sie erzählt hatte das Sie ein Notebook einsetzt, von Computern aber überhaupt keine Ahnung hat, fragte ich verwundert, was Sie denn sonst mit dem Notebook so anfängt. Ich gehe davon aus, das man ein Notebook ja nicht zum Jux besitzt. Das war ein Auslöser für eine Reaktion die es mir bis heute schwer macht sie einzuordnen. Schlagartig veränderte sich Katrins Laune, Sie formulierte es etwa so, wir drei, hätten uns gegen Sie verschworen. Völlig überrascht von dieser Situation herrschte sofort völlige Stille im Raum. Kurzes Nachfassen was jetzt los sei, ich weiß nicht mehr ob von mir oder Michaela steigerte die ganze Sache noch. Katrin fing nervös an Ihre Sachen einzupacken und verließ mit Zitterstimme und bereits Tränen in den Augen den Raum. Wir Anwesenden waren von dieser Situation völlig überrollt, weil keiner dies zuordnen oder deuten konnte. Bis heute nicht. Tage später kam es zu einem kurzen klärenden Gespräch wobei Katrin sagte, sie hätte das so verstanden, wir wollten Ihr unterstellen, Sie könne Dinge und Zusammenhänge, nicht richtig erklären. Dies sei aber eine Hauptaufgabe Ihres vorhergehenden Berufslebens gewesen. Na ja, ich hab das zu den Akten gelegt. Es sollte nicht Ihr letzter Spezialauftritt gewesen sein. Da ich weder Zeit noch Lust hatte und habe mich mit der Leidensgeschichte aller Anderen zu beschäftigen, habe ich für mich entschieden, dass mir Katrins persönliche Probleme egal sind. Das mag in diesem Zusammenhang hart klingen aber ich habe es für mich so entschieden. Bezugnehmend auf Ihre und andere Personen habe ich vorrangig versucht, keine Einflussnahme auf das Verhalten dritter zu nehmen. Ich denke das ist mir gelungen, natürlich auch aufgrund der Tatsache ich es hier mit erwachsenen und überwiegend gebildeten Menschen zu tun habe. Das zu diesem Vorfall. Nachdem unsere Aufgaben erledigt waren kam Lenin kurz zur Kontrolle und besprachen den Plan für den zukünftigen Unterricht. Wir teilten uns wie geplant in 2 Gruppen und fanden eine gute Lösung im wechselseitigen Unterricht, Frontalunterricht und Eigenarbeit. Vor der Pause startete Frau Rotbach Ihren zweiten Versuch der Entspannungsübungen. Diesmal hieß die Techniker Krankenkassen CD Progressive Muskelentspannung. Die Vorgehensweise im Stile des Vortags. Auch hier entschied ich mich, daran nicht mehr teilzunehmen. Ich hatte die Übungen eh auf meinem IPod und war jederzeit in der Lage daheim eine Entspannungsübung einzulegen wenn mir danach war und nicht wenn der Lehrplan dies enthielt. Nach der Mittagspause fuhren wir dann unter Anleitung von Frau Mertens fort uns mit dem Bewerbungstraining zu beschäftigen. Inhaltlich schreibe ich später ein kurzes Kapitel hierzu. Im Allgemeinen, interessant und kurzweilig. 15:00 Uhr und auch dieser Tag war abgeschlossen.

## Der vierte und fünfte Tag

Donnerstag, 09.01.2014 bis Freitag, 10.01.2014

Heute sollten wir Plaut kennen lernen. Plaut Ditesch, Dozent für den EDV Unterricht. Plaut bot uns das Du an, was gerne angenommen wurde. Für meinen weiteren hausinternen Werdegang, sollten die EDV Tage, welche ganztags auf Donnerstag und Freitag festgelegt wurden, zu den interessantesten und auch effektivsten Tagen werden. Diese Aussage beziehe ich nur auf mich, jeder mag es anders empfinden, aber der allgemeine Tenor ging klar in diese Richtung. Plaut hat eine freundliche hilfsbereite Art, viel Geduld und ein offenes Ohr auch für alle nicht so qualifizierten Fragen und Belange. Hier schließe ich mich voll mit ein. Schwierig sollte sich hier gestalten, das es keine Möglichkeit gab die Teilnehmer in unterschiedlichen Gruppen nach Leistungsniveau zu trennen, aber ich denke wir haben das alle gemeinsam recht gut gelöst. Da ich selbst nur mäßiger Anwender war und bin, war dies eine Herausforderung für mich. Hier hatte ich die Möglichkeit meine Kenntnisse deutlich zu vertiefen. Das Prinzip der Hole-Schuld greift hier. Je mehr man hier fordert oder sich selber bilden will, desto mehr kommt man voran. Interessant für mich wurde recht schnell die Möglichkeit, einen so genannten ECDL Kurs zu belegen und die entsprechenden Prüfungen abzulegen. Der Grund, das ich mich hierzu entschieden habe, ist folgender. Sollten alle Versuche scheitern, mich über diese Maßnahme in eine sinnvolle Beschäftigung zu bringen, würde ich nicht ohne ein erreichtes Ziel bzw. ohne eine Sinnvolle Rechtfertigung dieser 6 Monate aus der Maßnahme scheiden. Ob ich dieses Ziel überhaupt erreiche, wird sich später zeigen. Ich werde es natürlich wahrheitsgemäß wiedergeben. Die EDV Ausstattung der ersten 2 Tage bestand für jeden Teilnehmer unserer Gruppe aus einem Notebook. Völlig ausreichend, Qualität ok. Jeder Teilnehmer erhielt ein eigenes Passwort zugeteilt und einen Speicherplatz für zukünftig erzeugte Daten auf dem Reha/Server zugewiesen. Das funktionierte dann auch bis zum Umzug. Später mehr, viel mehr. Über die ersten 2 Tage EDV kann ich nicht mehr viel sagen. Ort war der Schulungsraum, wir besprachen die allgemeine Vorgehensweise und einigten uns auf den Start mit Word 2012. Plaut ließ es sich nicht nehmen, den Unterricht mit interessanter EDV Historie zu untermalen, die ein oder andere Privatstory kam auch dazu, es macht Spaß, am EDV Unterricht teilzunehmen. Freitagnachmittag war erreicht und ich denke jeder Teilnehmer war froh, ins Wochenende zu gehen und die erste Woche ad Acta zu legen. Zu erwähnen sei noch kurz das wir in dieser Woche natürlich auch die Teilnehmer der vorhergehenden Maßnahme kennen lernten. Sehr interessante Informationen wurden an uns weitergegeben. Ich brannte natürlich auf deren Erfahrungsberichte, wurde aber schnell von der vollen Härte der Realität getroffen. Die Aussagen der Teilnehmer standen so gar nicht mit meinen Vorstellungen und Erwartungen in Einklang. Ich beschloss abzuwarten und mir mein eigenes Bild zu machen Den armen Menderes hat es voll getroffen, sein Nervenkostüm welches eh schon recht dünn schien, war angeschlagen. Er nahm sich die Negativäußerungen doch recht zu Herzen. Egal, Wochenende!!

### Die zweite Woche beginnt

Hier der Plan der zweiten Woche etwas kleiner:

| | Montag | Dienstag | Mittwoch | Donnerstag | Freitag |
|---|---|---|---|---|---|
| 1. Block 08.00-09.30 Uhr | Bewerbungstraining Frau . | Englisch Fortgeschrittene Herr . | Englisch Anfänger Herr . | EDV Herr / | EDV Herr / |
| Pause 15 min. | | | | | |
| 2. Block 09.45-12:00 Uhr | Bewerbungstraining Frau T. Gehirnjogging Frau \ Frau f | Englisch Fortgeschrittene/ Übungsaufgaben Englisch Anfänger Herr Progressive Muskelentspannung Frau | Englisch Anfänger/ Übungsaufgaben Englisch Fortgeschrittene Herr Atementspannung Frau | EDV Herr ^h. | EDV Herr . |
| Pause 45 min. | | | | | |
| 3. Block 12:45-15:00 Uhr | Bewerbungstraining Frau . | Bewerbungstraining Frau .. | Bewerbungstraining Frau | eigenständiges Arbeiten | EDV Herr |

Den Plan für die zweite Woche hatten wir rechtzeitig erhalten und so konnte sich jeder darauf einstellen was Ihn erwarten würde. Ich denke die Zeit bzw. einige Tage bis zum 08.02.2014, also dem Tag an dem ich beschloss genauer Buch zu führen als nur Stichwortartig, werde ich in etwas kürzere Worte fassen.

# Der sechste Tag

Montag 13.01.2014

Mike ist nicht da. Er wird aus gesundheitlichen Gründen nicht zu unserer Gruppe zurückkehren. Der Montag begann mit der Vorstellung von Frau Tewes, welche Funktion bzw. Titel Sie hatte, weiß ich nicht mehr. Sie hat sich natürlich vorgestellt, ich hab es vergessen. Sie sollte auch nur diesen einen Tag hier sein, Sinn und Zweck Ihres Erscheinens blieben mir verborgen. Deutlich wurde, das Sie wohl ein recht gutes Wissen bezüglich der innerbetrieblichen Abläufe im Hause der Rentenversicherer hatte. Dies war größtenteils auch Inhalt Ihres Vortrags, bzw. ging Sie auf Fragen unserseits ein. Ich kann mich auch nicht daran erinnern, dass uns Material ausgehändigt wurde. Dazu ist zu sagen, dass ich am ersten Tag einen umfangreichen Ordner angelegt habe. Alle mir ausgehändigten Unterlagen habe ich bis heute abgelegt und wegarchiviert. Wichtige Teile gescannt und abgespeichert. Vor der Mittagspause stand noch Gehirnjogging auf dem Programm. Ich hatte knifflige Rechenaufgaben und Denksportaufgaben erwartet. Es sollte anders kommen, Gehirnjogging war eine Art X-Faktor. Vorlesen eines kurzen Statements welches im Zusammenhang mit einer Straftat stand. Gemeinsam wird dann durch stellen von Fragen, welche nur mit ja und nein beantwortet werden versucht, den Fall zu lösen, bzw. die Zusammenhänge zu erraten. Das macht Spaß, entspannt und fördert die Gruppendynamik. Schöne kurze Abwechslung die in entspanntem Rahmen stattfindet. Nach der Mittagspause geht es weiter mit dem Bewerbungstraining durch Frau Mertens. Es werden diese und kommende Woche im Bewerbungstraining vorrangig Themen behandelt, welche sich mit der Selbsteinschätzung eines jeden Probanden beschäftigen. Ich werde diese Woche nicht detailliert auf jede nachmittägliche Einheit eingehen. Vielmehr schildere ich anhand des mir vorliegenden Materials das uns ausgehändigt wurde, was wir durchgesprochen haben. Vorab haben wir in Eigenarbeit eine Stärken-Schwächen Analyse gemacht. Dazu wurden uns zwei dreiseitige A4 Vorlagen ausgehändigt die jeder für sich erarbeiten sollte.

Beispiele für Stärken Fragen:

Was mache ich gerne?

- In welchen Bereichen gelte ich als Experte?
- Was geht mir leicht von der Hand?
- Was schätzen Kollegen an mir?
- Was sind meine Lieblingsaufgaben?
- Für welche Projekte melde ich mich freiwillig?

Beispiele für Schwächen Fragen:

- Wo sehe ich Wissenslücken?
- Wann fahre ich aus der Haut?
- Welche Tätigkeiten liegen mir nicht?
- Was habe ich bisher nicht erreichen können?
- Welche Weiterbildung sollte ich noch in Angriff nehmen?
- Auf welchen Gebieten habe ich Anschluss an aktuelle Entwicklungen verpasst?

Hierbei handelt es sich nur um einen kurzen Auszug. Allerdings unterscheiden sich sämtliche Fragen nicht in Qualität und Anspruch. Aber selbst hierbei musste ich feststellen, dass sich einige Probanden doch schon recht schwer taten diese Fragen zu beantworten. Jeder wollte natürlich versuchen die Fragen so wahrheitsgemäß wie möglich zu beantworten, jeder hätte aber auch schreiben können was er will. In groben Zügen wiederholten sich die Antworten. Ich wusste bis hierher noch gar nicht, das es so viele zuverlässige, pünktliche, und Hilfsbereite Menschen gibt. Alle waren doch rechte Vorbilder an Ordnung und Disziplin. Zumindest behaupteten sie es. Wer diesen Fragekomplex ausgearbeitet hat, ob in Bierlaune oder tatsächlich als wissenschaftliche Arbeit, wurde nicht erwähnt. Auf alle Fälle wurde hier eine Basis geschaffen auf der das weitere Vorgehen beruhen sollte. Über die Qualität der Fragen urteilen Sie bitte selber. Vielleicht verfügen Sie ja über ein Mindestmaß an pädagogischer Grundkenntnis. Der oben besprochene Fragebogen wurde dann eingehend in einer eigenen Unterrichtseinheit besprochen.

## Der siebte Tag

Dienstag,14.01.2014

Wir starten in den nächsten Tag. Heute habe ich wenig zu berichten, ich kann nur nach den Unterlagen gehen die ich ausgehändigt bekam. Wir starteten wie vereinbart in den Englischunterricht. Ich freue mich drauf .Die Gruppen sind wieder aufgeteilt. Ich sitze wieder mit den gleichen Personen im Unterrichtsraum. Die kleinere Anfängergruppe macht es sich im Aufenthaltsraum gemütlich. Lenin checkt natürlich weiterhin erst einmal ab wieweit die einzelnen Gruppenmitglieder sind und wo er sinnvoll ansetzen kann damit alle was davon haben. Mit dem Unterricht sind alle zufrieden, auch macht es Spaß. Alle sprechen munter drauf los und es stört überhaupt nicht, das wir alle wohl eher nicht als fortgeschritten zählen. Das Niveau ist .ok. Keiner kann brillieren. Danach erfolgt der nächste Glanzauftritt von Frau Rotbach. Vielmehr des CD-Players des Notebooks. Das heutige Thema heißt wieder Progressive Muskelentspannung. Da es freiwillig ist nehme ich nicht teil. Ich lasse mir aber berichten, es war wieder die TK-CD. Da es hier im Umfeld nur Bürogebäude gibt, das Wetter es auch nicht zulässt mal die Beine zu vertreten, beschränken sich die Mittagspausen auf Kaffee holen, Mopo lesen und Smalltalk mit Probanden. Wir lernen uns langsam kennen. Ich finde es super spannend, die unterschiedlichen Menschen hier auf engem Raum zu studieren. Nach der Pause geht es mit dem Bewerbungstraining mit Frau Mertens weiter. Wir beschäftigen uns weiterhin mit den Selbsteinschätzungen. Die Unterlagen vom Vortag sind weiterhin Gesprächsinhalt. Auch kriegen wir weitere Unterlagen gereicht. Als Beispiel für die Kreativen Fragebögen habe ich mal die erste Seite eines dieser Selbsteinschätzungsbögen gescannt. Sie finden Ihn auf der nächsten Seite. Ich kann mich merkwürdiger Weise nie so richtig für ein Feld entscheiden. Ich liege irgendwie immer so dazwischen. SympMichaelatisch? Er kann übrigens sein, das ich in der Reihenfolge der Fragebögen nicht 100% richtig liege, aber ich denke der Einblick in die Struktur der Fragebögen ist wichtiger als die Reihenfolge.

Erste Seite eines zweiseitigen Fragebogens: Beispiel.

## Selbsteinschätzung

| Eigenschaft | Beschreibung | + | +/- | - |
|---|---|---|---|---|
| Anpassungsfähigkeit | Ich komme mit Menschen aller Art zurecht und neige nicht zu Vorurteilen. | | | |
| Auffassungsvermögen | Ich erkenne und verstehe schnell neue Zusammenhänge und Aufgabenstellungen. | | | |
| Aufgeschlossenheit | Andere Meinungen und Sichtweisen interessieren mich sehr. | | | |
| Auftreten | Ich habe gute Umgangsformen und wirke selbstsicher. | | | |
| Ausdauer | Ich sitze so lange an einer Aufgabe, bis ich mein Ziel erreicht habe. | | | |
| Belastbarkeit | Stress und Probleme lähmen mich nicht. Ich behalte einen klaren Kopf und werde selten krank. | | | |
| Durchsetzungsvermögen | Wenn es nötig ist, setze ich meine Interessen auch gegen Wiederstände durch. | | | |
| Engagement | Ich kann mich für bestimmte Ziele begeistern und setze diese auch mit „Herzblut" um. | | | |
| Eigeninitiative | Ich setze mir eigene Ziele, die ich auch sofort angehe. Keiner muss erst sagen: „Nun mach mal!" | | | |
| Handlungsfähigkeit | Ich kann mich schnell und sicher entscheiden und handle dann sofort. | | | |
| Kommunikationsfähigkeit | Ich kann auch vor größeren Gruppen überzeugend reden und andere mitreißen. | | | |
| Kompromissbereitschaft | Ich muss nicht immer Recht behalten. | | | |
| Kontaktfähigkeit | Es fällt mir leicht auf fremde Menschen zuzugehen und Kontakt aufrechtzuerhalten. | | | |
| Kreativität | Ich habe immer neue Ideen. Phantasie geht vor: „Schema F." | | | |
| Kritikbereitschaft | Ich nehme positive und negative Kritik gerne an und setze diese auch um. | | | |
| Leistungsbereitschaft | Einen Beruf ohne Stress und Anforderungen finde | | | |

Was die Sache sehr interessant macht ist die Ankündigung zweier wissenschaftlicher Test, die am Freitag gemacht werden sollen, um unsere Stärken und Neigungen sowie unsere verborgenen Talente zum Vorschein zu bringen. Fragebögen mit diversen Fragen zum Ankreuzen. Ich freue mich drauf, hatte ich solche Talentsuche Test in meiner Vertriebler Karriere schon mal gemacht.

Die nannten sich da allerdings Erfolgsprofile. Die Art des Tests und die Art der Fragen kamen diesem Test sehr nahe. Ich freute mich mal wieder. Andere Teilnehmer versetzte die Ankündigung des Tests bzw. der Tests in helle Aufregung. Besonders Menderes wurde sehr nervös und ich nenne es mal sehr verunsichert. Er schien zu glauben, dass die Auswertung des Tests tatsächlich bahnbrechende Neuerungen und Zukunftsperspektiven für Ihn bringen würden. Obwohl auch das Personal deutlich machte das es sich um Tendenzen handle, nicht viel mehr. Menderes war trotzdem davon überzeugt, man werde Ihm seinen Weg zeigen. Schade. So, schnell zum nächsten Tag, vielmehr ist bei mir zu heute nicht hängen geblieben.

### Der achte Tag

Mittwoch, 15.01.2014

Der achte Tag beginnt wieder mit dem Englischunterricht. Diesmal allerdings anders herum. Die Fortgeschrittenen machen im Aufenthaltsraum Übungsaufgaben, die Anfänger arbeiten mit Lenin. Das klappt so sehr gut, alle machen diszipliniert mit. Ist ja auch interessant nach so langer Zeit unter Schulähnlichen Umständen zu pauken. Außerdem für mich erschreckend wie viele Vokabeln man nicht weiß. Das wird noch schwierig werden. Von Zeit zu Zeit kommt Lenin mal rüber, fragt nach und nach Bedarf gibt es noch ein paar Aufgaben. Alles recht entspannt. Weiterhin keine Vorkommnisse die erwähnenswert gewesen wären. Oder ich hab sie vergessen. Vor der Mittagspause dreht Frau Rotbach wieder Ihre Runde und fragt wer gerne an Ihrer Atementspannung teilnehmen möchte. Registriere nicht mehr wer, Menderes, Katrin und Ivonne machen so glaube ich mit. Dann ist wieder Mittagskaffee angesagt. Michaela und ich wackeln in der Regel gemeinsam los. Das bedeutet nicht, dass es sich um Abgrenzung handelt, es passt einfach. Gut so, so hat man jemanden zum Plaudern. Nach der Pause, die unseres Erachtens auch ruhig nur eine halbe Stunde zu dauern bräuchte geht's wieder ins Bewerbungstraining. Die Länge der Pause wird von der Rentenversicherung vorgegeben und ist nicht flexibel, so wird mir zumindest von Frau Mertens mitgeteilt. Ansonsten wird sehr genau auf Zeiten und Anwesenheit geachtet. Tägliches Ein und Austragen in eine Namenliste ist Pflicht. Wie es bei Kandidaten wie Silke gehandhabt wird, die täglich zu spät kommt ist mir nicht klar. Sollte eh jeder für sich persönlich klären und abmachen. Ich hab mir vorgenommen pünktlich zu erscheinen da ich meinen Aufenthalt hier als Arbeit betrachte. Schließlich zahlt die Rentenversicherung mir Geld und das soll verdient sein. So sehen es andere, bis auf wenige Ausnahmen, glaube ich nicht. Bis heute sind Michaela und ich die einzigen die noch nie zu spät gekommen sind, geschweige denn krank waren. Zum Thema krank kommende Woche eine kurze Episode.

Zum Bewerbungstraining wird wieder Material verteilt. Ein Beispiel:

**Arbeitsmaterialien zu: „Aspekte der Arbeit"**

**Fragebogen:**

Unterstreichen Sie die Aspekte, die für Sie wichtig sind und fügen Sie gegebenenfalls neue hinzu. Ordnen Sie anschließend diese Aspekte nach Ihrer Bedeutung für Sie.

| | |
|---|---|
| Geld | Ort |
| flexible Arbeitszeit | Kollegialität |
| Abwechslung | Ausbildung |
| Verantwortung | Zufriedenheit |
| gewünschter Beruf | Aufstiegsmöglichkeiten |
| selbständiges Arbeiten | soziale Leistungen |
| Leistungsorientiertheit | Wertschätzung |
| Freude | Weiterbildung |
| Sicherheit | Prestige |
| Herausforderung | Kontrolle |
| Einsatz entsprechend den Fähigkeiten | Urlaub |
| Überstunden | Team - Einzelarbeit |
| Familienfreundlichkeit | Lärmempfindlichkeit |
| Repräsentationsgrad | Kleidung |
| Sicherheit am Arbeitsplatz | zumutbare Arbeit |
| genaue Aufgabenstellung | Identifikation mit dem Produkt |
| fairer Dienstvertrag | Größe der Firma |
| Branche | Firmenidentität |
| Gesundheit | stehende / sitzende Arbeit |
| Sinnstiftende Tätigkeit | Sauberkeit |

Anhand des oben dargestellten Arbeitsblattes sollte jeder Proband für sich die 5 wichtigsten Punkte herausstellen und ein Kuchendiagramm wie unten erstellen

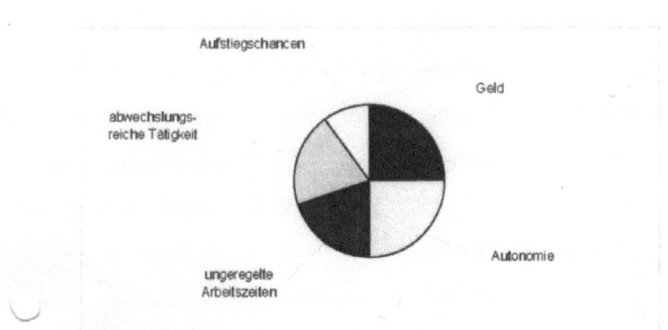

Das wurde dann auch erledigt und somit hatte jeder für sich seine Prioritäten gefunden. Zufriedenheit, Geld und Kollegialität waren meine Spitzenreiter, bei den Anderen sah es nicht viel anders aus. Was für eine Überraschung. Auch hier war ich wieder über die sensationelle psychologische Meisterleistung im Erstellen komplexer Zusammenhänge erstaunt. Diese Arbeitsblätter befinden sich doch auf einem sehr hohen Niveau, oder? Die Datenblätter wurden soweit die Zeit es zuließ besprochen. Jederzeit stand Frau Mertens für weitere Fragen eines jeden zur Verfügung. Das war so wie ich es noch zusammen bekomme inhaltlich alles zum Thema Bewerbungstraining am heutigen Tag. Sollte mir der ein oder andere Fehler in der Reihenfolge unterlaufen sein, bitte ich Frau Mertens um Verzeihung.

Der 3.Block des Tages war somit abgeschlossen, Feierabend!!

## Der neunte und zehnte Tag

Donnerstag,16.01.2014 und Freitag ,17.01.2014

Ich möchte hier nicht falsch verstanden werden. Das ich die EDV Tage zusammenfasse, liegt weder daran das es nichts zu berichten gibt noch gibt es einen anderen Grund dafür. Es liegt eher an der Kurzweiligkeit des Unterrichts und daran das jeder auf seine Art mit sich selbst und der EDV beschäftigt ist. Klar gibt es hier wieder eher große Unterschiede im Leistungsstand der Teilnehmer aber egal. Einzige Sorge bereitet mir Katrin mit Ihrer zerfahrenen hektischen Art. Sie verlässt ab und an auch den Unterricht, stößt dann später wieder dazu und wundert sich dann, dass Ihr etwas entgangen ist. Das versucht Sie dann durch Fragen nachzuholen, welche wir schon längst geklärt haben. Das nervt mich und auch Andere. Ich will aber vermeiden für Andere zu sprechen, also versuche ich es zukünftig zu ignorieren. Auch habe ich nie in Einzelgesprächen oder im Plenum für Andere mitgesprochen. Ich habe eher immer versucht sie zu motivieren sich zu artikulieren. Mit mäßigem Erfolg. Wie immer ist es natürlich schwieriger Probleme anzusprechen, leichter ist es darüber zu Quatschen wenn keine Konfliktsituation zu erwarten ist. Ich arbeite da lieber mit der sehr direkten Holzhammermethode was den ein oder anderen gestört haben mag, ist mir aber auch egal. Zum Thema Soziale Kompetenz, kommen wir auch noch. Wir erarbeiten im Unterricht weiter, die große Welt von Word 2012. Da hier im Unterricht jeder auf seine Kosten kommt, ob klarer Anfänger, Anwender oder fortgeschrittener User wird es nicht langweilig. Wir arbeiten vorrangig im Simultanverfahren. Plaut über den Beamer an die Wand und wir an unseren Plätzen hinterher. So läuft die Einführung Word ganz gut. Des Weiteren, erhalten wir Arbeitsblätter und Aufgaben die wir vom Server runterladen können. Textformatierungen, Absatzformatierungen und Layout Werkzeuge werden so zum Begriff. Meine Entscheidung steht fest, ich nehme den kleinen ECDL Führerschein mit. Michaela zieht am gleichen Strang. Menderes der vom ersten Tag an von dem kurz avisierten ECDL Führerschein schwärmte wird diesbezüglich kleinlauter. Er riecht den Braten, hier ist doch etwas mehr Einsatz gefordert. Der bevorstehende Umzug in andere Räumlichkeiten in der Frankenstraße nimmt langsam Formen an.

Alle sind froh, dass es nur um die Ecke geht und nicht weitere oder andere Fahrwege auf Sie zukommen. Außerdem freuen sich alle auf die neuen größeren und schöneren Räume. Vorteil soll natürlich auch sein das die ECDL Arbeitsplätze dann auch in den neuen Räumen zur Verfügung stehen da noch andere Teile der DIE SCHULE Schule in die Frankenstraße ziehen werden. Wir sehen dem Umzug alle positiv entgegen. Dank Plauts Entertainer-Talent geht's gut gelaunt ins Wochenende

### Die dritte Woche beginnt

Montag, 20.01.2014

Die dritte Woche beginnt mit einem von mir mit Spannung erwarteten Thema. Für den Vormittag hatten die Damen SKT in den Lehrplan mit aufgenommen. Das steht für soziales Kompetenztraining. Während meiner Tätigkeit als Vertriebsinspektor bei einem großen Schleswig-Holsteinischen Verlag hatte ich bereits zwei solcher Trainings mitmachen dürfen. Professionell und sehr lehr-und hilfreich. Professionell durchgeführt durch externe Trainer. Mir unterstanden seiner Zeit 130 Zusteller für deren ordnungsgemäße Arbeit ich zuständig war. Ebenso trug ich natürlich auch die Verantwortung Ihnen gegenüber. Wie gesagt ich freute mich drauf. Wenn ich schon wieder Freuen schreibe, so meine ich es auch, ich hoffe es klingt nicht abgedroschen. Also los ging es. Pünktlich zum Schichtbeginn erschien ein Triumvirat bestehend aus Frau Rotbach, Frau Wollent und einer dritten Dame aus dem Hause DIE SCHULE. Zumindest trug Sie ein DIE SCHULE Namenschild. Diese dritte im Bunde erklärte uns, Sie würde die Einführung in dieses Thema übernehmen, zukünftig würde dann Frau Wollent den Unterricht führen. So sollte es kommen, Sie ward nie mehr gesehen. Frau Rotbach wollte nur einen Tag hospitieren. Erst einmal wurde natürlich eine obligatorische gruppendynamische Sitzordnung geschaffen. Also: alle im Kreis. Das hilft enorm. Dann ging es erst einmal um die Definition des Begriffs soziale Kompetenzen. Jetzt kam Katrins nächster Auftritt. Es gibt ja Menschen die bei dem Wort SOZIAL sofort an das große gütige Miteinander denken, also gemeinsam schaffen wir es schon, ich helfe Dir und bla bla bla. Das dachte Sie leider, dass dies der Inhalt werden würde. Als ich Ihr in kurzen Worten erklärte das es darum ginge für sich persönlich mit den zur Verfügung stehenden Mitteln das optimale für sich selbst heraus zu holen, schlug Ihr die Enttäuschung ins Gesicht. Schade, hätte alles so sozial sein können. Nachdem wir dann noch genauer auf die Definition eingegangen waren wurden Handzettel verteilt. Die Art und Weise der Vortragenden waren derart unprofessionell und miserabel vorbereitet dass ich leider sagen muss, jeder hätte nach 2 Stunden Vorbereitung einen besseren Vortrag hingelegt als **die Fremde** und Frau Wollent. Unterirdisch schlecht. Auch bestand eines dieser super Arbeitsblätter aus nur 4 zu erarbeitenden Fragen

Das Blatt hieß: VIER FRAGEN ZUR SELBSTREFLEKTION

1. Worüber ärgere so richtig (wirklich so geschrieben) (über mich oder andere; eine konkrete Situation)
2. Wie gehe ich damit um
3. In welcher Situation hätte ich gerne anders reagiert
4. Welche Verhaltensweisen möchte ich bei mir noch ausbauen bzw. verändern

Vier Höchstleistungsfragen zum Thema SKT. Auf der Folgeseite das Hauptdokument zum Thema. Wer kurz mal im Internet unterwegs ist stellt sich das in 2 Minuten zusammen. Aber darum geht es ja gar nicht. Wieder konnte der beteiligte feststellen das hier sehr junge und sehr unerfahrene Personen damit beschäftigt sind sich im wahren Leben zu erproben. Frei nach dem Motto, ich hab da was gefunden, das probiere ich mal aus. Oder besser wäre vielleicht, ohhh ich mus ja was machen, was bloß. Schnell mal irgendeinen überflüssigen Fragebogen herausgesucht und die dummen Schüler werden schon mitmachen. Was für ein Glück, Gedanken kann keiner lesen. Ich überlege immer was denn wohl die anderen so denken. Schade...

**Definition soziale Kompetenz:**

Soziale Kompetenz ist die Verfügbarkeit und Anwendung von kognitiven, emotionalen und motorischen Verhaltensweisen, die in bestimmten Situationen zu einem langfristig günstigen Verhältnis von positiven und negativen Konsequenzen für den Handelnden führen.

**Bei welchen Problemen bietet das SKT eine Hilfe?**

- Schwierigkeiten, berechtigte Forderungen und Interessen durchzusetzen
- Schwierigkeiten im Umgang mit Partnern, Freunden und Bekannten, angemessen Konflikte oder negative Gefühle anzusprechen und die eigenen Wünsche zu vertreten
- Schwierigkeiten, die Sympathie anderer Menschen zu gewinnen
- Schwierigkeiten, in Kontakt mit anderen Menschen zu treten

**Grundannahme des SKT**

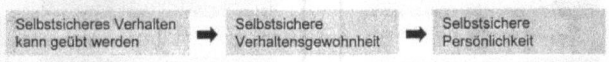

Selbstsicheres Verhalten kann geübt werden ➡ Selbstsichere Verhaltensgewohnheit ➡ Selbstsichere Persönlichkeit

**Das bedeutet:**

- Selbstsicheres Verhalten lässt sich üben und ...
- selbstsicheres Verhalten zur Gewohnheit werden und ...
- kann damit langfristig in die Gesamtpersönlichkeit integriert werden.

**Eine weitere Grundannahme des SKT ist ...**

- ...dass unser Verhalten davon beeinflusst wird, wie wir eine Situation bewerten ...
- bzw. wie wir uns in diesen Momenten selbst ermutigen oder entmutigen und ...
- damit bestimmte Gefühle auslösen, ...
- die wiederum unser Verhalten beeinflussen.

Nach der Definitionsklärung sollte es dann noch lustiger werden. Der Schrecken aller Gruppen wurde wahr. Es sollte ein Rollenspiel gemacht werden. Schlagartig kippten die Kinnladen herunter und klare Lustlosigkeit machte sich breit. Das hätte Frau Wollent doch wissen müssen, was das für ein sensibles Thema ist. Na ja, nachdem sich dann nach sanfter Nötigung und Zureden zwei Probanden in Katrin und Menderes gefunden hatten, zelebrierte sich ein verkrampftes Rollenspiel vor unseren Augen und Ohren. Ich war als Beobachter zum Thema Katrins Stimme eingeteilt worden. Weitere Beobachter waren Gestik und Mimik. Nach der Show wurden alle Punkte durchgesprochen. Meine Erkältung machte mir schwer zu schaffen, aber dank der modernen Medizin überstand ich auch dies. Aber Pustekuchen, die zwei mussten die ganze Show wiederholen. Es wurde absurd und lächerlich. Nachdem diese erste Einheit überlebt war, wurde gefragt, wer denn zukünftig gerne am Kompetenztraining teilnehmen möchte. Sofort stiegen dankbar einige aus. Mich inbegriffen

Sehr geehrte Damen des Kompetenzteams. Bereiten Sie sich wenn Sie so interessante Themen angehen zukünftig besser vor. Konfrontieren Sie Ihre Teilnehmer nicht mit Themen, zu denen

Sie selber noch so viel zu lernen haben. Vielleicht sollten wir diese Einführung schnellstens vergessen. Ich führe das mal auf Ihr junges Alter zurück. Bedenken Sie, vor Ihnen sitzen nicht nur Pflegefälle, es sind auch einige sehr intelligente Kandidaten dabei. **Und Lebenserfahrung, liebe Frau Wollent, ist wie soziale Kompetenz. Sie wird erworben, erlernt und nicht verliehen.** Machen Sie es bitte beim nächsten Anlauf besser, ich drücke Ihnen und vor allem den neuen Probanden für dieses spannende Thema beide Daumen. Nach der Entspannung mit Frau Rotbach folgte die wohlverdiente Mittagspause. Danach weiter im Bewerbungstraining. Wir hatten heute aus den zusammengestellten Selbsterkennungsinformationen angefangen, für jede Person erst einmal in Eigenarbeit eine Flipchart zu erstellen. Das dauerte so seine Zeit, so dass wir den ganzen Tag daran weiterarbeiten konnten. Inhaltlich, sollte jeder seine Flipchart so fertigstellen, dass sie Folgende ausgefüllte Punkte enthielt.

- Meine Fähigkeiten
- So will ich arbeiten
- Mein Traumjob
- Berufsvorschläge.

Den letzten Punkt sollten wir dann offen lassen, er sollte wenn alle fertig sind im Plenum für jeden Teilnehmer gemeinsam erarbeitet werden. Sozusagen im Brainstorming Verfahren. Wichtig ist es zu sagen, das die angesprochenen Test kurz zwischengeschoben wurden. Keine große Sache, von jedem schnell ausgefüllt. Ich denke nach einer guten halben Stunde waren alle durch. Test war so, wie ich es mir wie vorher schon erwähnt vorgestellt hatte. Die Auswertung sollte dann im Einzelgespräch stattfinden. Zug für Zug war dann irgendwann jeder dran. Ich schildere später. Bis 15 Uhr waren wir dann mit unseren Flipcharts beschäftigt und es ging pünktlich in den Feierabend.

### Der zwölfte Tag

Dienstag, 21.01.2014

Wir starten wieder in den Englischunterricht. Auch hier werden die Einträge meinerseits kürzer werden da nichts Spektakuläres passiert. Ordentlicher Unterricht, startend mit einem Warm-up wie Lenin es nennt. Etwas lockeres plaudern damit alle wach werden und dann geht es weiter. Der Unterricht gestaltet sich aus freiem Sprechen, Verständnisaufgaben, Hörproben via iPod und Arbeitsblättern. Also abwechslungsreich. Wenn Einschlafphasen durch geistige Erschöpfung nahen erkennt Lenin das recht schnell und schiebt dann ab und zu mal ein kleines Spielchen ein. Mit dem Unterricht bin ich sehr zufrieden. Nach der Mittagspause starten wir wieder ins Bewerbungstraining. Wir beenden noch die letzten Arbeiten und dann beginnen wir mit der Vorstellung. Jeder Proband nimmt seine Flipchart und stellt sie der Gruppe vor. Bis auf den Punkt Berufsvorschläge. Dieser wird dann im Plenum angegangen. Alle sind motiviert und bei der Sache. Meines Erachtens die beste Arbeitseinheit die ich bisher miterlebt habe. Das bezieht sich auch auf den kommenden Tag und den Montag, da die Auswertung der einzelnen Arbeitsblätter etwas länger dauerte. Das hat aber nicht gestört, da ich glaube es war recht effektiv.

### Der dreizehnte Tag

Mittwoch, 22.01.2014

Gleiches Prozedere wie am gestrigen Tage. Englisch in getrennten Gruppen und keine besonderen Vorkommnisse. Danach weiter in der Auswertung der Bögen. Recht amüsant wird der Punkt mein Wunschberuf. Menderes beispielsweise wäre gerne Delphintrainer geworden, damit hätte keiner gerechnet. Da bin ich mit meinem Büchsenmacher ja noch recht bodenständig. Interessant ist das man doch manchmal ins Nachdenkliche verfällt hinsichtlich was hätte man alles machen können. Aber es besteht weder Zeit noch Lust sich diesbezüglich herunter zu ziehen. Wir sind ja hier damit wir auf zu neuen Ufern Erfahrung sammeln und im optimalen Fall in einen neuen Arbeitsabschnitt starten.

Davon sind wir momentan allerdings noch weit entfernt. Bis auf Michaela uns mich sind wir mit den Bögen durch. Recht kreatives Arbeiten bisher obwohl Realität und Wunschdenken hier hart aufeinander prallen. Ich hoffe alle haben das auch begriffen. Ich mache mir ein paar Gedanken und hoffe, dass nicht allzu viele, wenn Sie sich mit der Realität konfrontiert sehen in ein Loch fallen. Wir werden sehen. Ich versuche für mich so realistisch und sachlich wie möglich zu bleiben Da ich am Wochenende schon mit einer Erkältung kämpfen musste, sich diese aber in dieser Woche nicht gebessert hatte, war ich die Woche über aber recht angeschlagen. Dank sämtlicher Wick Produkte (Werbung darf sein) war ich aber morgens pünktlich und anwesend. Bei mir sieht es so aus, das ich bei einer Erkältung am Morgen noch recht leistungsfähig bin, zum Mittag und Nachmittag hin aber abbaue. Ich wollte aber unbedingt vermeiden einen Arzt aufzusuchen. Erstens kann der bei einer Erkältung eh nicht viel ausrichten, zweitens wollte ich auf gar keinen Fall fehlen. Das ist nicht meine Art und macht hier in der ersten Phase sicher keinen guten Eindruck. Nachvollziehbar? Natürlich ist das eine persönliche Einstellung und abhängig von der Schwere einer jeden Erkrankung. Jeder entscheidet für sich. Da ich gegen Mittag allerdings sehr kaputt und angeschlagen war fragte ich Frau Mertens ob es möglich sei mich heute früher auszublenden, ich würde mich hinlegen und wäre dann nächsten Tag wieder da. Das wurde klar verneint mit der Antwort ich müsse dann zum Arzt gehen. Auflage der Rentenversicherung. Auf meinen Einwand hin der würde mich dann aufgrund meines Zustandes sicherlich krankschreiben wurde nicht eingegangen. Ich entschied für mich auf Grund dieser sehr eingeschränkten Reaktion und Sichtweise des PÄDAGOGISCHEN Personals zu bleiben und bei der Rentenversicherung zu erfragen wie die rechtliche Grundlage bzw. die Handlungsfreiheit der DIE SCHULE Angestellten aussieht. Es folgt meine Mail an die DRV.

Sehr geehrte Damen und Herren,

Hamburg,22.01.2014

ich befinde mich seit dem 06.01.14 in einer Reha Maßnahme in der DIE SCHULE Schule Hamburg, Süderstr. Diesbezüglich habe ich eine grundlegende Frage. Mich hat diese Woche eine starke Erkältung erwischt. Dies hat mich allerdings nicht dazu bewogen meinen Hausarzt zu konsultieren. Am gestrigen Tage bat ich das Personal am Mittag ob es möglich sei das ich etwas früher nach Hause gehen könne, da es mir durch die Erkältung nicht gut ginge. Dies wurde nicht verneint, allerdings wurde ich darauf hingewiesen das ich dann einen Arzt konsultieren müsse. Grundsätzlich war mir natürlich klar, dass ich im Krankheitsfalle bereits am ersten Tag einer Erkrankung eine Arbeitsunfähigkeitsbescheinigung einreichen muss. Dies ist mir durch das Personal ja bereits beim Aufnahmegespräch mitgeteilt worden. Mir liegt es aber fern, durch den Besuch beim Hausarzt eine Krankschreibung zu erwirken. Vielmehr wollte und will ich eine Krankschreibung umgehen. Jeder Arbeitgeber wäre froh, wenn die Angestellten in diesem Sinne handeln würden. Meine Frage, welchen Spielraum hat das Personal, - und wenn nötig, wäre es nicht sinnvoll, ein wenig mehr Spielraum einzuräumen?? Wäre es nicht im Sinne aller Beteiligten, mir zu erlauben mich etwas zeitiger aus dem Tagesgeschehen auszublenden um am kommenden Tag wieder einigermaßen fit einzusteigen. Mir ist bewusst, dass sich das Personal an seine Dienstlichen Anweisungen hält und mir nicht übel gesonnen ist. Sollte nicht ein wenig mehr Spielraum möglich sein, um willigen Reha Teilnehmern den Gang zum Arzt zu ersparen? Ich würde mich sehr über eine kurze Mitteilung freuen! Betrachten Sie mein Schreiben bitte nicht als Beschwerde, sondern als interessierte Frage eines motivierten Teilnehmers.

MfG A. Meier

Telefonische Antwort siehe morgen.

## Der vierzehnte und fünfzehnte Tag

### Donnerstag, 23.01.2014 und Freitag der 24.01.2014

Der EDV Unterricht nimmt seinen Lauf. Ich denke jeder macht auf seine Art Fortschritte. Ich hab zwar jahrelange EDV Erfahrung aber mein vertieftes Anwenderwissen ist eher gering. Vielen anderen geht es wesentlich schlimmer. Gut für Plaut, hier wird er nicht gefordert. Gut gefällt mir, dass wir nachmittags das freie Arbeiten vertiefen. Hier kann dann jeder für sich arbeiten. Nachlernen, gelerntes vertiefen oder auch mit speziellen Fragen an Plaut herantreten. Hier zeigt sich dann, dass es Plaut auch Freude bereitet wenn mal etwas speziellere Dinge gelöst werden müssen. Macht er gut, auch hält er weiterhin durch seine Unterhaltsame Art mit 1000 Geschichten die Stimmung hoch. Trägt zur Motivation aller bei. Inhaltlich sind wir noch bei Word Grundlagen, machen weiterhin Übungen usw. Die Tage vergehen ohne weitere Zwischenfälle. Klar wird das sich hier wieder zwei Gruppen herauskristallisieren. Aber alle machen weiterhin motiviert mit. Da ich im Gegensatz zu den meisten anderen nur 6 Monate DIE SCHULE Schule bewilligt bekommen habe, die Meisten haben 9 oder 12 Monate, mache ich mir Gedanken wie ich Zeitlich alles unter einen Hut bekommen soll. Auf der einen Seite steht natürlich die Jobsuche, auf der anderen will ich wie schon gesagt den ECDL Grundkurs machen. Dazu kommt natürlich das ständige Gerede über die Praktika. Jeder soll irgendwie schnellstmöglich in ein Praktikum abtauchen um Platz zu schaffen bzw. so wird gesagt sich zu erproben. Nachvollziehbar? Wenn es sich um ein sinnvolles Praktikum handelt, im besten Falle mit Aussicht auf Übernahme. Aber das zeichnet sich hier schon ab. Die meisten des Vorgängerkurses erzählen von zahlreichen Absagen und demoralisierenden Versuchen. Schauen wir mal. Für mich steht fest, ich werde mich nicht mit blindem Aktionismus in irgendwelche Praktika stürzen. Diese Einstellung werde ich später auch Herrn XXX von der Rentenversicherung deutlich machen. Somit war auch die dritte Woche geschafft, und ich war gespannt was die nächste Woche uns so bringen sollte.

Während des Vormittags erhielt ich ja noch einen Anruf von der Rentenversicherung Berlin. Sehr freundlich wurde dann nochmals auf meine Anfrage eingegangen und der Fall durchgesprochen. Klarer Tenor war, es hätte im Ermessen der Einrichtung gelegen in einem solchen Fall zu entscheiden. Man hätte mich ruhig ohne Konsequenzen nach Hause schicken können. Hier hat die Einrichtung einen gewissen Handlungsspielraum in den sich die Rentenversicherung in diesem Falle nicht einmischen will und kann. Diese Antwort habe ich zur Kenntnis genommen.

Beim nächsten Mal bin ich dann eher geneigt zum Arzt zu gehen als das Personal erneut zu überfordern.

Heute am Freitag habe ich um 12 Uhr den Unterricht verlassen um zum angekündigten Photographen zu gehen. Hier besteht die Möglichkeit für ca. 20 € anständige Bewerbungsfotos zu machen. Der Laden ist sehr klein aber irgendwie schön gestaltet. Interessante Bilder an den Wänden. Deutlich wird hier, es handelt sich um einen HSV Fan. Schöne Bilder an der Wand, noch aus unserem Volksparkstadion, Südtribüne. Erinnerungen in mir werden schlagartig wach. Dann hört er auch noch gute Musik, im Hintergrund The Smith. Schöne selbstgeschossene Fotos der 80èr Hamburger Modszene hängen an der Wand. Er selber ist auch dabei. Schicke Vesparoller und anständige Mod Kutten. Hier fühle ich mich wohl. Die Bewerbungsbilder werden auch völlig entspannt geschossen. Er macht drei Serien mit unterschiedlichen Shirts und Hemd. Dann werden alle Bilder auf einen schön großen Monitor geladen, und die gemeinsame Auswahl beginnt. Er hat Ahnung zum Thema Bewerbungsfotos, das merkt man. Argumentation für und wider ein Foto passt. Von den ausgewählten Fotos, erhalte ich 4 Exemplare als Ausdruck. Sämtliche Fotos bekomme ich auf einer gut beschrifteten CD ausgehändigt. Sollte ich weitere Fotos benötigen, nur kurz vorbei kommen dann werden diese sofort ausgedruckt. Der Service überzeugt mich. Mit guten Wünschen und einem NUR DER HSV verabschiedet mich der MOD. Wer nicht weiß was ein Mod ist, schaut euch den Film Quadrophenia an. Da lernt man vielleicht etwas. Hier als kleine Werbung die Adresse, er hat es verdient:

### Die vierte Woche beginnt

Montag, 27.01.2014

Diese Woche beginnt und ich harre der Dinge die da kommen wollen. Da wir keinen Plan für diese Woche erhalten hatten wusste ich nicht was auf mich zukommt. Beim Eintreffen im Schulungsraum wurde mir mitgeteilt das wir wieder SKT Training hätten, welches von Frau Wollent geleitet werden würde. Da ich mich aufgrund des Einführungsdebakels entschieden hatte nicht teilzunehmen, hatte ich mir vorgenommen mit einem Notebook in Eigenarbeit weiter zu machen. Daraus wurde erst einmal nichts, ich wurde gebeten wie die Anderen erst einmal am 2 Tag SKT teilzunehmen. Wenn dem so ist, mache ich es halt. Sonst sitzt Frau Wollent da nachher alleine. Die allgemeine Stimmung am Vormittag war schlecht. Alle trafen dann wieder in Dynamischer Runde zusammen. Frau Wollent hatte über die Woche wohl schon den Braten gerochen und es war Ihr wohl klar, dass Ihr Training unter den Vorgaben oder Planungen der letzten Woche nichts wird. Es wurden dann nochmal alle zusammen getrommelt, auch die Teilnehmer des ersten Kurses und eine neue Parole ausgerufen. Rollenspiele ade. Das sollte wohl den meisten Teilnehmern die Angst nehmen bzw. dafür sorgen, dass Ihr Projekt nicht gleich am zweiten Tag stirbt. Zum Glück wurde nochmals die Frage gestellt, wer denn zukünftig teilnehmen möchte. Andere Kollegen und ich blendeten uns dann aus und wir gingen unserer Wege. Einige Andere nehmen auch weiterhin an dieser Runde teil. Wie ich gehört habe, hat sich das Kompetenztraining mittlerweile zu einem lockeren Gesprächskreis am Montagmorgen entwickelt, an dem einige Probanden regelmäßig teilnehmen. So geht es dann auch. Andere nehmen nicht teil, es wird allerdings auch niemand dazu genötigt oder weiter nachgesetzt, was ich als sehr angenehm empfinde. Gut gemacht. Den Vormittag nutze ich um meine Unterlagen weiter zu ordnen. Bislang wurde ja noch nicht individuell auf unsere Papiere eingegangen. Ich will aber vorbereitet sein. Meine Papiere sind soweit fertig. Am Lebenslauf wird sicher noch etwas zu feilen sein, da gehen ja auch im Internet die Meinungen stark auseinander. Aber das werden wir, so hoffe ich, ja mit Unterstützung alles noch angehen. Nach der Mittagspause weiter im Bewerbungstraining. Michaelas und mein Bogen werden noch besprochen und mit der Gemeinschaftsarbeit bin ich wieder sehr zufrieden. Danach setzen wir uns dann mit Aufbau der Bewerbung auseinander und jeder bekommt die Aufgabe schon einmal im Internet in Erfahrung zu bringen wie ein Deckblatt auszusehen hat. Ich lade mir ein paar runter, hatte aber auch schon welche auf mein Reha Laufwerk kopiert. Später irgendwann beim Arbeitsamt werden übrigens alle erstellten Unterlagen als mangelhaft kritisiert. Das habe ich allerdings auch nicht für bahre Münze genommen, denn die haben sicherlich wieder andere Vorstellungen. Wenn ich zehn unterschiedliche Prüfer gehabt hätte, hätte jeder seinen eigenen Senf für besser gehalten. Also ich fand die fertigen Unterlagen ok. Danach ging es dann wie gewohnt pünktlich in den Feierabend.

## Der siebzehnte Tag

Dienstag, 28.01.2014

Heute ist der Tag vor dem Umzug in die neuen und schöneren und größeren Räume. Hab ich vorhin schon geschildert. Für uns Probanden hat das wenig Auswirkung. Wir beschäftigen uns auch heute erst einmal mit der englischen Sprache. Das Team ist damit beschäftigt fleißig zu packen, von denen bekommen wir heute sehr wenig mit. Das ist verständlich. Kartons überall und auch Frau Wegschau sieht man mal, es werden bereits Fahrzeuge beladen, auf dem Flur ist was los. Wir Schüler beschäftigen uns am Nachmittag selbst, der Großteil sitzt nachmittags im Computerraum und jeder kümmert sich um seine Angelegenheiten. Ich selbst habe mein Deckblatt fertig gestellt. Vielmehr ist am heutigen Tag nicht passiert. Den Teilnehmern war seit geraumer Zeit bekannt, dass am morgigen Tage dem 29.01.1014 frei wäre. Allerdings verbunden mit der Auflage eine Hausarbeit zu erledigen. Für die Probanden meiner Gruppe lautete die Aufgabe die Ausarbeitung eines Kontaktformulars sowie das Heraussuchen von 10 Kontakten, welche für spätere Praktikumsbewerbungen interessant sein könnten. Ich weiß nicht ob irgendwer diese Aufgabe ernst genommen hat, ich weiß nur das Sie bei mir nie kontrolliert worden ist, bei denen die ich mal gefragt habe auch nicht. Zu mir muss ich sagen, dass ich ein weiteres Deckblatt erstellt habe, meine Frau musste Arbeiten und ich hatte Zeit und Lust. Aber wir sind ja auch nicht im Kindergarten. Alles erwachsene Leute und da kann man ja mal davon ausgehen das jeder mal eine Stunde Zeit hat, länger braucht man nicht um kurz mal was zu erstellen. Ich persönlich bin dankbar, dass nicht alles nachgefragt und nachverfolgt wurde. Etwas Selbstdisziplin sollte jeder doch haben oder? Übrigens gefragt worden, ob alle einen funktionierenden PC zu Hause haben sind wir nicht. Kleiner Tipp.

### Der achtzehnte Tag

Mittwoch, 29.01.2014

Wie gesagt heute frei. Verzeihung, Hausaufgaben erledigen

### Der neunzehnte Tag

Donnerstag, 30.01.2014

Tag I nach dem Umzug. Ich bin sehr gespannt was mich erwartet und guter Dinge. Nach der Werbung die gemacht worden war freuten sich alle auf schönere neue Räume. Größer, neuer, besser und in Verbindung mit dem dritten Stock alles unter einem Dach. Jetzt aber zur Realität. Die Räume in der Frankenstraße 12, 1. Stock präsentieren sich in einem desolaten Umzugszustand. Nach und nach trudeln die Probanden ein und werden von der aufgeregten Frau Wegschau in die Küche gebeten, an deren Tür ein Zettel klebt der sie als solche ausweist, allerdings auch als Aufenthaltsraum. Diese neue Küche und Aufenthaltsraum hat keine Fenster!!! Ich suche sie verzweifelt, aber finden kann ich sie nicht!

**Klaustrophobie** (lat. *claustrum* „Käfig", gr. *phóbos* „Furcht", „Phobie"), in der Fachsprache auch **Raumangst** genannt, ist eine spezifische („isolierte") Angststörung. Sie äußert sich bei Betroffenen als Angst vor dem tatsächlichen oder gefühlten Eingesperrtsein oder vor der bloßen Präsenz enger oder abgeschlossener Räume. In Extremfällen kann bereits eine geschlossene Tür zur Panikattacke führen. Sinnvoll ist es, die Klaustrophobie in zwei verwandte Ängste zu unterteilen: die Angst vor dem Ersticken und die Angst vor Einengung. In entsprechenden Situationen kommt es bei Betroffenen zu Hyperventilation und Schweißausbrüchen.

Hat daran niemand gedacht? Außerdem hätte derjenige der sich mal mit der Bauverordnung bzw. Modellbauverordnung auseinander setzen sollen. Aufenthaltsküchen ohne Fenster und dann noch bei Reha Patienten. Das ist ja wohl ein großer Witz. **Nächster Clou, der Maler hat in dem fensterlosen Raum tatsächlich eine Wand schwarz gestrichen.** Wahrscheinlich in der Hoffnung, dadurch aus seiner einen depressiven Phase, kreative Energie zu schöpfen. Anders kann ich mir das nicht erklären. Unten ein Foto dieser Küche bzw. Aufenthaltsraumes. Dazu muss ich sagen, dass sie auf den Foto freundlicher wirkt als in der Realität. Man muss einfach einmal Platz genommen haben in diesem Bunker ohne Frischluftzufuhr.

Trotz alledem. Frau Wegschau preist uns die neuen Räume an und bittet zur Führung durch das neue Palais. Moment, das herumführen in Räumen scheint eine von Frau Wegschaus Lieblingsaufgaben zu sein. Auch in den neuen Räumen ist die Führung nach ca. 3 Minuten beendet. Gibt halt nicht mehr zu sehen. Klare Verbesserung die mir sofort ins Auge fällt ist das Büro Mertens/Rotbach. Größer und heller. Das war es dann auch schon. Die sind guter Dinge. Nach der Führung werden wir aufgeteilt. Gruppe 1 geht in den Schulungsraum, Gruppe 2 das ist in diesem Falle meine Gruppe geht in den neuen EDV Raum. Auf den Weg dahin treffe ich Plaut, der macht einen genauso überraschten Eindruck. Er ist aber sehr bemüht sich nichts anmerken zu lassen. Recht so als Dozent. Für den Fall aller Fälle sagt er, hat er schon was vorbereitet. Der Fall tritt ein. Der neue EDV Raum ist zu einem Drittel voller Kartons und wild gestapelter Tische zugestellt. Was mir gleich auffällt, ist eine Säule halb recht mitten im Raum. Dahinter sitzen wird schlecht. Na ja. Rainer scheint es später nicht zu stören er freundet sich mit dem Platz hinter der Säule an. Ivonne nenne ich von heute an nur noch den sprechenden Pfeiler. Da ich Sie von meinem Platz aus nicht mehr sehen kann wenn Sie mit mir oder irgendwem redet. An den nutzbaren Plätzen nehmen wir platz. Die Fenster sind hinter uns was für Computer-Arbeitsplätze eigentlich ungeeignet ist. Die Wände strotzen vor Bohrlöchern. Renoviert worden ist hier definitiv nicht. Computer und Monitore stehen auf den Tischen wild herum. Cat. 5 Kabel liegen überall herum und die Patchkabel hängen gebündelt lose aus dem Kabelkanal. Ein kleiner 19 Zoll Netzwerkschrank steht unbenutzt herum, Hub, Switch oder Router Fehlanzeige. Mir wird sofort klar, hier geht heute EDV mäßig gar nichts. Plaut beginnt improvisierend seine Aufgaben vorzubereiten. Er hat Prozentrechnen vorbereitet. Hierfür sollte auch jeder einen Taschenrechner mitbringen. Aber um mit dem Unterricht zu beginnen müssen erst einmal Kopien gemacht werden. Kopierer allerdings, Fehlanzeige. Man besinnt sich, das in der Süderstraße doch ein funktionierender Kopierer herumsteht. Die Chance für Frau Wegschau, Sie übernimmt den Kopierauftrag und hetzt in die Süderstraße. Noch eines wird langsam klar. Er ist eisig kalt im Raum. Die Heizkörper haben es wohl nicht geschafft die neuen Räume durchzuheizen oder es ist vergessen worden die Heizungen rechtzeitig aufzudrehen. Plaut beginnt todesmutig mit dem Prozentrechnen. Unmut wohin ich sehe und vor allem Kälte. Meine Frage in die Runde ob ich bezüglich der Situation mal bei der Leitung vorsprechen soll wird dankend angenommen. Ich schildere die Lage im Büro der Damen. Mir fällt sofort auf wie schön warm es hier ist. Nach vorheriger Absprache versuche ich der Sache Nachdruck zu verleihen. Wir wären sogar bereit unter diesen Umständen Fehlzettel zu akzeptieren und auf die Bezahlung am heutigen Tag zu verzichten. Das wirkt wohl, ich werde vertröstet, man wird sich kümmern. Ich kehre in den Froster zurück. Plaut hat inzwischen wohl auch kalte Füße be-

kommen uns verstärkt 10 Minuten später durch Vorsprache bei den Damen unser Anliegen. Alles macht ein wenig den Eindruck der Hilflosigkeit, ich habe das Gefühl jeder hat Angst Verantwortung zu übernehmen. Unerfahrenheit? Unsicherheit? Aber irgendetwas scheinen wir bewegt zu haben. Gegen 09:30 Uhr werden wir von Frau Rotbach ohne erkennbare Frostschäden nach Hause entlassen. Wie das jetzt möglich war habe ich nicht in Erfahrung bringen können. Allerdings kündigt Frau Rotbach einen Anruf am Nachmittag an um uns mitzuteilen wie am kommenden Tag vorgegangen wird. Alle fahren nach Hause. Außer Plaut, der hat bis 15:00 wohl noch Tische und Regale im Keller gestapelt. Chapeau!!! Wie angekündigt klingelt gegen 16:00 mein Telefon und Frau Rotbach kündigt an, die Lage habe sich entspannt und am kommenden Tag gehe alles wie gewohnt weiter. Ich freue mich jetzt schon drauf.
Folgendes Foto kurzer Blick in den EDV Schulungsraum.

## Der zwanzigste Tag

Freitag, 31.01.2014

Tag 2 nach dem Umzug. Alle treffen pünktlich ein. Die entspannte Lage sieht folgendermaßen aus. Raum deutlich wärmer! Der Tischstapel wurde aus dem EDV Raum entfernt. Das war Plaut. Ansonsten keine Veränderungen. Da wir alle Taschenrechner mitbringen sollten, sind wir bestens vorbereitet. Plaut auch. Diverse Kopien vorhanden, flux die Flipchart aufgestellt und los geht die Reise in die Welt der Prozentrechnung. Weiter brauchen wir nichts. Am Zustand des EDV Equipments hat sich nichts geändert. Wie auch. Wo ist eigentlich der Systembeauftragte. Das wird in den kommenden Tagen noch zur Scherzfrage. Mittagspause wie gehabt. Passiert einfach nichts. Nach der Mittagspause hat Frau Wegschau wohl bemerkt, dass die Bunkerküche entgegen Ihrer Erwartung nicht so recht angenommen wird. Sie verweist uns auf den offenen Aufenthaltsbereich im dritten Stock den wir gerne mitbenutzen dürfen. Danke, das ist die Verbesserung der Räume! Schade, unser kleiner Aufenthaltsraum drüben fehlt uns jetzt. Nach der Pause fleißig weiter Prozentrechnen. Ich muss mit Entsetzen feststellen das ich Bedarf habe. Schöne Unterrichtseinheit an die ich mich bestimmt noch lange erinnern werde. Plaut, danke es hat Spaß gemacht trotz aller Witterungsbedingungen. Wochenende! Ein hab ich noch. EDV Raum wesentlich später, beachte den Pfeiler (oder Ivonne). Sie sitzt irgendwo dahinter. Irgendwann ist Sie dann auf die Idee gekommen ein Foto von sich auf meine Seite des Pfeilers zu kleben damit ich Ihre Stimme visuell zuordnen kann. Ganz geheuer war mir bei der Lösung allerdings auch nicht. Komisch!

### Die fünfte Woche beginnt

Montag 03.02.2014

Wie sollte es auch anders sein. Es ist keine EDV mit Zugriff auf das Internet verfügbar. Ab 08.⁰⁰ Uhr hängen alle etwas motivationslos im Computerraum herum. Es wird die Parole ausgegeben, wir bekommen alle einen USB Stick ausgehändigt auf dem sich die Daten vom Server befinden. Das geschieht dann auch nach und nach. Hiermit und einem ausgehändigten Notebook sollen wir jetzt den Tag über selbständig arbeiten. Was sollen wir tun. Ins Netz kommt hier keiner und ob alle die kompletten Daten die sie benötigen auf dem USB Stick haben fragt hier auch keiner. Mir ist beispielsweise geraten worden meine Daten an meine eigene EMAIL Adresse zu senden um sie dann virenfrei herunter zu laden. Geht bloß nicht ohne Internet. Einen Drucker um sich bei Bedarf z.b. Mal ein Deckblatt zur Kontrolle auszudrucken haben wir auch nicht. Es wird die zweite Parole ausgegeben. Das nicht funktionierende Netzwerk habe mit Störungen bei O2 zu tun und hätte nichts mit dem Umzug zu tun. *Ich schreibe diese Zeilen am 01.03,2014. Wenn dem so wäre, hätte O2 schon seit 4 Wochen Probleme, denn gestern am Freitag lief immer noch nichts.* Außerdem habe ich am Abend von zu Hause mal die offizielle O2

Seite aufgerufen. Hier wird eine Störungsstatistik gezeigt. Massive Störungen FEHLANZEIGE. Der Zustand des 19 Zoll Routerschranks hat sich nicht gebessert, sieht immer noch desolat aus. Katrin die ein paar Tage verschwunden war taucht plötzlich wieder auf. Sie wirkt deutlich beruhigter. Ich habe um 10:$^{00}$ Uhr ein Gespräch mit Frau Rotbach. Es geht um die Auswertung der Tests. Folgende Tests haben wir ausgefüllt:

1. AVEM Arbeitsbezogenes Verhaltens- und Erlebensmuster

   AVEM ist ein diagnostisches Instrument, mit dem das Verhalten und Erleben gegenüber Arbeits- und Berufsanforderungen erfasst und unter Gesundheitsaspekten beurteilt werden kann. Grundlage ist dabei die Bestimmung personenspezifischer Beanspruchungsmuster.

2. AISTR Allgemeiner Interessen-Struktur-Test – revidierte Fassung

   AISTR ist ein vielfach erprobter und empirisch validierter Interessensfragebogen, der sich durch die hoch reliable Erfassung globaler und stabiler Interessensorientierungen auszeichnet. Zudem liefert die Bestimmung der Differenziertheit der Interessen und die Ausgabe interessenskongruenter Berufsvorschläge ein detailliertes Bild für eine klientenzentrierte Schul-, Studien- und Berufsberatung.

**Vielmehr darüber kann man natürlich im Internet erfahren. WENNS LÄUFT!!**

Laut SER Profil kämen jetzt folgende Berufe für mich in Frage.

- Altenpfleger
- Sozialarbeiter
- Fahrschullehrer
- Fitnesstrainer
- Sozialbetreuer

Laut SEC Profil wäre sogar Friseur was gewesen. Also bei der Auswertung kam weder was Neues noch was Hilfreiches für mich heraus. Ich hatte auch nicht mit mehr gerechnet da andere Probanden mir schon von Ihren Auswertungen erzählt hatten und diese Ihnen auch nicht wirklich geholfen hat. Ich suche heute noch nach dem Sinn und dem Zweck dieses Tests. Hierauf wurde weder etwas aufgebaut noch irgendwie weiterführend drauf eingegangen. Macht sich aber bestimmt ganz gut in jeder Akte. Da sieht die Rentenversicherung wie fundiert und qualifiziert mit Ihrem Geld umgegangen wird. Zahlen und fröhlich sein. Frau Rotbach gibt sich aber alle Mühe mir den Test zu erklären. Nachdem ich keine weiteren Fragen habe und das Gespräch beendet ist macht Sie einen erleichterten Eindruck. Sie hatte wohl Unruhe erwartet. Aber das bringt ja nichts. Dann werde ich wieder in den überfüllten EDV Raum entlassen. Öde Stimmung. Smalltalk unter allen Beteiligten macht sich breit. Ich bin dabei. Eine Runde Stadt-Land-Fluss erheitert die Gemüter. Ich bin dabei. Das Betreuerteam hat sich den ganzen Tag noch nicht sehen lassen. Sie halten sich vorrangig in Ihrem Büro auf. Frau Wegschau sieht man kaum. Ach ja, vergessen, vormittags gab es noch SKT für den der wollte. Kleine kurze Gesprächsrunde. Wer Teilnehmer war, keine Ahnung. Viele können es nicht gewesen sein, sonst wäre der EDV Raum nicht so voll gewesen. Meine ständigen Versuche die Räume mal zu lüften prallen auf Wiederstand einiger Probanden. Pech gehabt, dann mieft es halt. Hurra es ist Feierabend. Da ich versuchen will das mögliche aus der öden Zeit heraus zu holen, habe ich mir nachmittags bei Aldi 2 Bücher gekauft. Word und Excel Kurse. Diese Bücher will ich sinnvoll nutzen. Mehr und mehr zeichnet sich für mich ab, wenn das hier in die Hose geht, will ich zumindest mehr EDV Wissen mitnehmen.

### Der zweiundzwanzigste Tag

Dienstag 04.02.2014

Pünktlich wie immer erscheine ich und die EDV macht den gleichen Eindruck wie am Vortage. Hier hat gestern Nachmittag also niemand mehr was gemacht. Es erfolgt die Notebookausgabe. Auch erhält jeder seinen jetzt personalisierten USB Stick. Wir sollen weiter selbständig an unseren Unterlagen arbeiten.

Drucker immer noch nicht vorhanden. Funktionierendes Internet nicht vorhanden. Wer mal im Internet was suchen will macht es über sein privates Telefon. Mein alter Knochen kann das gar nicht. Ist auch gar nicht meine Aufgabe private Ressourcen zu nutzen. Wo bleiben hier die kompetenten EDV Leute? Hier steht seit Tagen alles ungenutzt herum. Die Menschen können hier nicht arbeiten und es macht sich wieder Resignation breit. Die Damen hocken im Büro hinter geschlossener Tür. Von dem angesprochenen Anschreiben, welches wir zusammen erarbeiten wollten fehlt weiterhin jede Spur. Der Smalltalk unter den Beteiligten steht wieder im Vorrang. Man lernt sich so aber besser kennen. Es sind schon ein paar interessante Charaktere dabei, wobei ich mich echt fragen muss warum diese Probleme haben in Arbeit zu kommen. Klar jeder hier bringt natürlich seine Vorgeschichte mit, mich natürlich inbegriffen. Das soll aber nicht Inhalt meines Tagebuches sein. Ich schildere hier nur wie es war. Rainer fehlt, mir Katrin geistert wieder rum. Silke hat für sich das Stricken wieder entdeckt. Mit riesigen Nadeln strickt Sie Endlosschals. Mehr kann Sie nicht sagt Sie. Erinnert mich an die Grünen als sie in den Bundestag einzogen. Meine das Stricken, nicht Silke. Menderes erstaunt mich heute sehr. Ich habe Ihn unterschätzt. Es bekommt von der Leitung einen Gesprächstermin, denn Menderes hat es gewagt seinem Unmut Luft zu machen. Er hat sich an die Rentenversicherung gewandt um die allgemeine und auch besonders seine Situation zu besprechen. Das passte den Damen wohl nicht in die gewünschte Beschwerdekette. Alle Achtung Menderes! Ihm wurde später von der Rentenversicherung mitgeteilt er sei zu ungeduldig. Er würde eh eine Verlängerung erhalten, dann werde man schon sehen. Die Damen lassen sich auf Nachfrage der einzelnen Probanden blicken und helfen Ihnen am PC, also am Notebook. Lokal ist ja ein Word installiert. Ansonsten weiterhin Gespräche über Gott und die Welt. Tageszeitungen werden zum begehrten Tauschobjekt. Ich habe für mich begonnen mit den EDV Büchern von Aldi loszulegen. Gute Ergänzung zum Unterricht und bestens geeignet für die Eigenarbeit. Tome übt über eine installierte Software 10 Finger System. Auch eine Art die Zeit sinnvoll zu nutzen. Ansonsten funktioniert ja nichts. Kopierer gibt es auch noch nicht. Ivonne die ich ja nur selten sehe da sie ja von dem besagten Pfeiler komplett verdeckt wird taut auf.

Sie erzählt merkwürdige Witze. Der Pfeiler lebt. Bis zur Abgabe der Notebooks und der Austrageprozedur vergeht die Zeit schleppend. Die Betreuer waren auch schnell wieder weg. Feierabend!

### Der dreiundzwanzigste Tag

Mittwoch 05.02.2014

Der Englischunterricht beginnt. Der Unterricht durch Lenin ist weiterhin unterhaltsam und kurzweilig. Wir sitzen im kleinen neuen Schulungsraum. Der Raum ist für max. 8 Personen ausgelegt. Hell und gut beheizt. Während wir im Unterricht sitzen, so erfahre ich später, entwickelt sich im EDV Raum Eigendynamik. Fred versucht eine Lösung zu finden wie man zumindest einige, ich glaube es waren 5 PCs ans Netz bringen kann. Maren stellt hierzu die Hardware zur Verfügung. Sie hat einen kleinen mobilen Router mitgebracht. Das Projekt scheitert an einer Telefonkarte die benötigt worden wäre. Die Damen wurden hierüber informiert. Gute Initiative, vielleicht sollte Fred hier die Systembetreuung übernehmen. An der EDV weiterhin keine Veränderungen. Den Admin haben wir schon lange nicht mehr gesehen. Kurz vor Mittag erhalten Michaela und ich die erwarteten Unterlagen zur Erstellung eines Anschreibens. Wir gehen sofort lokal an die Arbeit. Wann die EDV denn mal funktionieren wird kann Frau Mertens nicht beantworten. Der Tag verläuft ohne weitere Ereignisse. Wir entwerfen unsere Anschreiben. Das Kontrollieren der Anschreiben wird eine der Hauptaufgaben von Frau Mertens werden. Akribisch sucht Sie nach jedem Fehler, falschem Satzzeichen oder Absatzfehler. Das macht Sie gut, man selbst übersieht ja doch schon mal so einiges. Allerdings dauert es manchmal Tage bis einige Probanden Ihre Unterlagen zurück erhalten. Bei mir beschränkt sich die Wartezeit meist auf einen Tag. Das war es dann auch schon wieder. Feierabend!!

## Der vier- und fünfundzwanzigste Tag

Donnerstag, 06.02.2014 und Freitag der 07.02.2014

Die Berichterstattung über diese 2 Tage fällt sehr dürftig aus. Es ist einfach nichts passiert. Der Donnerstag startete wieder ohne funktionierende EDV. Prozentrechnung stand wieder auf dem Programm. Der Freitag startete ebenso mit Prozentrechnung. Langsam reicht's. Lokal laufen die Notebooks, drucken können wir immer noch nicht. Auch gibt es immer noch keinen Zugriff auf die Server, alles weiterhin auf den Sticks. Ich hoffe ja, dass nicht irgendwann mal einer verloren geht, das wäre übel. Nachmittags arbeiten wir weiter mit Word. Übungen vom Stick. Dann ist endlich Wochenende. Das war eine sehr schlimme Woche.

## Die sechste Woche beginnt

Montag 10.02.2014

Ihr erinnert euch an mein Vorwort? Ich hatte ja am 08.02 beschlossen meine Eindrücke und Erlebnisse schriftlich festzuhalten. Da ich um meine Lebensabschnitte festzuhalten häufig mitschreibe was passiert und um mir selber zu belegen wo meine Zeit denn so geblieben ist liegt mir hier natürlich zu jedem Tag ein handschriftlich geführtes Protokoll vor. Für heute hab ich ein neues Dokument geschaffen, ich muss die Schilderungen nach Möglichkeit begrenzen und versuche zukünftig anhängendes Blatt zu nutzen. Schön wäre es gewesen wenn ich eine anständige Handschrift hätte. Kurz gescannt und rein damit. Geht leider nicht. Ich werde also weiterhin alle meine Notizen fein säuberlich hier hinterlegen. Das geschieht zu meiner Entlastung übrigens alles in Heimarbeit an meinem geliebten Mac. Nicht während der Arbeitszeit. Auf den Kisten hätte es Jahre gedauert. Obwohl, das hätte auch keiner gemerkt und gestört hätte es schon gar nicht. Hätte einen wunderbaren Eindruck der Beschäftigung hinterlassen. Hier das Muster meiner benutzten Notizvordrucke, der 10.02.2014. Meine Handschrift ist eine Katastrophe stelle ich fest. In der Grundschule hatte ich eine eins in Schönschrift.

> *Mit voller Motivation los, nach einer Stunde verpufft.*
>
> **Tagesplan**
>
> Datum: Montag 10.02.14
>
> | von | bis | Dauer | Tätigkeit |
> |---|---|---|---|
> | 8:00 | | | Eigenständiges Arbeiten |
> | | | | Moodles angefangen mit der 100 |
> | | | | Frage Test. |
> | | | | Alle beschäftigen sich mit sich selbst. |
> | | | | Michaela modlet, Rainer Stadt Land Fluss |
> | | | | online. Der Geist ist auch wieder da ha! |
> | | | | hab kein einziges Mal gemodelt. Unsre EDV Dame ist |
> | | | | leicht sauer! Nauuve die PC absolut fit ans Netz zu |
> | | | | bringen. Todruhende Stille im Raum. |
> | | | | Der Knoblauch hartekels mein Atsteiss. Shase Rätsel! |
> | | | | preiselvere Sockel hart allerdings außer Haus Termine. |
> | | | | Wir verschieben es auf morgen. Weiter geht's mit modler 10:30 |
> | | | | Bis 12° weiter. Mittagspause + Stille. |
> | | | | Michaela pflichtet Daniel bei. Sie soll |
> | | | | Verkäuferin sein. Mit Beverly-Simpopen. |
> | | | | 13 17° weiter in Moodle. |
> | | | | Schule 92 Org und 79,2% Bestanden. |
> | | | | Das ist nicht mein Verdienst, nicht der |
> | | | | Zucker Verdienst. |
> | | | | Michaela Wille Gewinkler nix sexy, Ti |
> | | | | & Silvia Wille Beziehung Süd und (ha). |
>
> **Sonstige Notizen:**
> Vormittag Mail von Wirnnal wegen des Termin mit Herrn Richter.

Ihr versteht, das muss ich doch abtippen und ins Reine bringen. Also hier der heutige Tag. Wir starten den heutigen Tag wie gewohnt um 8 Uhr. Eigenständiges Arbeiten steht auf dem Plan. Wer Lust hat kann wieder am SKT Training teilnehmen. Ach ja mal wieder einen Stundenplan erhalten. Nix neues.

Da es mittlerweile gelungen ist einige Notebooks ins Internet zu bringen, beginne ich eifrig mich in Moodles einzuarbeiten. Michaela zieht mit. Reiner hat Stadt-Land-Fluss im Internet entdeckt, auch nicht schlecht. Katrin, oder ich nenne Sie den Geist, schleicht wieder herum. Sie spricht kaum noch. Fred ist ein guter

Ansprechpartner wenn es um Softwarewissen geht. Er hat den Word und Excel Test schon hinter sich. Er gibt mir den Rat erst einmal den 100 Fragen Test zu machen um zu sehen wo man denn überhaupt so steht. Gute Idee. Der EDV Mann ist auch da und damit beschäftigt die vorhandenen Arbeitsplätze ans Netz bzw. ins Netz zu bringen. Seine Aussage, ich hasse diesen Raum, weckt das nötige Vertrauen in Ihn. Ich möchte Frau Mertens mein Anschreiben Straso Rahlstedt präsentieren, müssen wir aber wegen eines Termins verschieben. Ich moodle weiter bis um 12 Uhr. Dann Mittagspause. Die Tage werden langsam Murmeltierig. Nach der Pause geht es weiter im Test. Den beschließe ich mit 79,2% richtiger Antworten. Das hätte gereicht. Die Lorbeeren bekomme ich, denn gelernt habe ich meist zu hause. Michaela 2 soll Klinkenputzen gehen, Bewerbungsmappen und los. Das passt Ihr gar nicht. Michaela 1 hat Geburtstag, hat nix gesagt, was für eine Frechheit? Und Silke, die zieht eine Flunsch, hat wohl Beziehungsstreß? Noch eine Frechheit. Also wieder Feierabend. Am Nachmittag erhalte ich eine Mail von Frau Rotbach. Mit dem Wortlaut:

*Hallo Herr Meier, telefonisch konnte ich Sie nicht erreichen, darum jetzt auf diesem Wege: morgen früh kommt Herr XXX zu uns zu einem Termin. Er bat mich, Ihnen mitzuteilen, dass er im Anschluss gerne mit Ihnen sprechen würde. Es gibt wohl aktuell eine Studie der DRV, bei der Sie als Teilnehmer in Frage kämen. Er würde dazu morgen mehr erklären, gegen 9 Uhr würde er mit Ihnen sprechen. Ich hoffe, das passt Ihnen. Ich bin morgen nicht da, wenn Sie noch Fragen haben, wenden Sie sich bitte an Frau Mertens oder Frau Wollent. Herzliche Grüße, I. Rotbach, Psychologische Mitarbeiterin*

## Der siebenundzwanzigste Tag

Dienstag 11.02.2014

Ich bin sehr gespannt, was kann Herr XXX von mir wollen. Ich hoffe ja auf etwas Anspruchsvolles. Aber erst einmal liegt eigenständiges Arbeiten an. Wen hätte das schon verwundert. Plötzlich taucht Frau Wegschau im EDV Raum auf. Lange nicht gesehen.

Sie fängt an die immer noch herumstehenden Pappkartons improvisierend hin und her zu rücken. Aufräumen wäre geschönt. Von Ihrer Seite fällt tatsächlich der Ausdruck **wohnlich,** was ich mit irgendeinem sarkastischen Kommentar versehe. Aufräumen?? Ach ja, Herr XXX kommt ja. Dann etwa 10 Minuten später übernimmt Frau Wegschau wieder Ihre Lieblingsaufgabe. Sie führt in den Räumen herum. Diesmal Herrn XXX. Dann verschwinden alle zum Meeting. Dann so gegen 10 Uhr kommt es zum Gespräch mit Herrn XXX. Alles halb so wild. Es geht um eine neue Statistik bezüglich des beruflichen Werdegangs nach Teilnahme an dieser oder ähnlicher Maßnahme. Ich erkläre mich bereit daran teilzunehmen und die mir avisierten Fragebögen auszufüllen. Ich erkläre Ihm, dass ich für eine Langzeitstudie wohl nicht zur Verfügung stehe da ich nur 6 Monate bewilligt habe. Das sei kein Problem sagt er. Jeder Kollege händelt das anders. Einer Verlängerung steht wohl nichts im Wege. Dann fragt er nach dem allgemeinen Befinden und ich halte nicht hinterm Berg. Ich schildere Ihm so gut es in der Kürze der Zeit geht die allgemeinen Zustände. Er ist erstaunt, etwas hatte er wohl bezüglich der Probleme gehört, aber dass es so extrem ist sei Ihm nicht geschildert worden. Er sagt mir das alles was wir besprechen unter uns bleibt. In wieweit dem dann so war kann ich nicht beurteilen, ich habe aber keine Veränderung des Personals mir gegenüber feststellen können. Nach der Mittagspause habe ich mein Straso Schreiben an Frau Mertens gegeben. Nach einigen Veränderungen haben wir dann eine einvernehmliche Variante gefunden. Endlich halte ich was in Händen was ich versenden kann. Aber da war noch was. Auf meine Frage hin wann wir denn mal ein paar Mappen vordrucken können, damit ich im Bedarfsfall nur das Deckblatt und das Anschreiben einschießen muss, werde ich auf kommende Woche vertröstet. Wir haben noch keinen Farbdrucker. Da wir im EDV Raum auch immer noch keinen Drucker welcher Art auch immer haben, kann man auch keine Probeausdrucke machen. Die mache ich zu Hause auf meinem Drucker, der läuft!! Tag zu Ende, Frau Mertens 2 Tage nicht da.

## Der achtundzwanzigste Tag

Mittwoch 12.02.2014

Wieder haben wir Englischunterricht. Zum Glück! Alle freuen sich, denn die Zeit vergeht, wir machen etwas Sinnvolles. Bis zur Mittagspause ist es nicht lange hin. Der Unterricht macht weiterhin Spaß, Lenin weiterhin motiviert uns etwas beizubringen. Wir geben uns Mühe. Ich habe am meisten Probleme bezüglich meines Wortschatzes, aber da ich keine Hemmungen habe loszuquasseln fühl ich mich hier ganz gut aufgehoben. Frau Mertens hatte sich ja beruflich für 2 Tage abgemeldet, aber jetzt hat sich Frau Rotbach krank gemeldet. Das soll auch die ganze kommende Woche so sein. Sie hat sich eine Erkältung eingefangen. Mir fällt prompt meine Erkältung ein und ich bin eines besseren belehrt. Sollte es mich wieder so stark erwischen werde ich meinen Hausarzt aufsuchen. Ja wer ist denn noch da? Frau Wegschau bekommen wir nicht zusehen. Aber Frau Wollent ist noch da. Zumindest ist damit das Büro besetzt. Nach der Pause müssen wir den EDV Raum räumen, da angeblich Handwerker in den Raum müssen. Wir müssen in den kleinen Schulungsraum vorne umziehen. Der Raum 102 platzt aus den Nähten. An ein anständiges Arbeiten ist nicht zu denken. Ich versuche nach dem dritten oder vierten Neustart des Notebooks welches ständig aus dem Internet fliegt weiter zu Moodln. Das einzig sinnvolle in dieser Situation. Smalltalk überall, Rauchpausen und öde Stimmung. Langsam nimmt die vorherrschende Lethargie von mir Besitz. Die nutzlosen Gespräche des Tages rauschen an mir vorbei, kosten aber trotzdem enorm viel Energie. Ich fühle mich schon wieder wie nach sechs Stunden schwerer körperlicher Arbeit. Ich kämpfe gegen Kopfschmerzen. Noch einen Moodle Test gemacht. Ach ja, bis 14:10 Uhr hat sich kein Handwerker im EDV Raum blicken lassen. Den Umzug hätte man sich schenken können. 14:30 Uhr, es tut sich was im EDV Raum. 3 Mann am Werkeln. Drucker weiterhin Fehlanzeige. 15:00 Uhr Feierabend.

## Der neunundzwanzigste und dreißigste Tag

Donnerstag ,13.02.2014 und Freitag,14.02.1014

Es ist wieder soweit. Computertage mit Plaut. Wir müssen alle wieder in den Raum 102. Der Raum ist klein und mit 10 Personen völlig überlaufen. Mal sehen ob ich noch ein Foto des Raumes nachschiebe. Da wir hier im Raum nichts haben machen wir mal wieder Prozentrechnung. Dazu etwas Zinsrechnung. Ich schaue auf die Uhr. Oh Gott es ist erst 10. Heute kann ich mich mit den Aufgaben überhaupt nicht anfreunden. Ich habe auch keine Lust. Umdisponiert. Ich mache lokal auf dem Notebook weiter und schreibe meine Kontaktliste erst einmal soweit fertig. Zufrieden bin ich mit dem Ergebnis nicht. Heute waren wir komplett führungslos. Auch Frau Wollent nicht da. Von Frau Wegschau kriegt man wie erwähnt nichts mit solange es keine Besichtigung der Räume gibt. Menderes hat heute seinen ersten Tag im Praktikum. Irgendwie ist er an einen Archiv Platz bei der Staatsanwaltschaft gekommen. Recht kurzfristig. Aber alle denke ich, freuen sich für Ihn und hoffen auf das Beste. Kommen wir zum Freitag. Valentinstag. Ich betrete den Sogenannten EDV Raum und kann nicht glauben was ich sehe. Die stationären PC s sind angeschlossen und laufen. Zumindest macht es erst einmal den Eindruck. Meine Reinigungsköder die ich vor 10 Tagen ausgelegt habe weil es mir hier zu schmutzig erschien liegen unberührt weiterhin auf Ihren Stammplätzen. Hier wird nicht anständig gereinigt. Einer ist so groß wie ein Zigarettenfilter, nein es ist einer. Den kann man gar nicht übersehen. Wir machen heute Serienbriefe. Freue mich, ein neues interessantes Thema. Nach der Pause weiterhin Serienbrief. Die Server laufen natürlich immer noch nicht, Drucker weiterhin Fehlanzeige. Trotzdem bin ich um 15:00 mit der EDV Arbeit Serienbrief zufrieden. Wochenende

## Die siebte Woche

### Der einunddreißigste Tag, Montag, 17.02.2014

Ein ganz normaler Montag nimmt seinen Lauf. Nach kurzem Hallo nimmt die Restgruppe an soziale Kompetenzen Teil. Ich glaube noch drei Personen. Frau Mertens spricht mich und Michaela an wie weit unsere Unterlagen denn so sind. Wir sind ganz gut am Start und überreichen Ihr unsere USB Sticks. Auf dem Server kann man natürlich immer noch nicht zugreifen. Einen Drucker haben wir auch noch nicht. Ich habe in den Pappkartons welche immer noch gestapelt herumstehen 2 Multifunktionsgeräte entdeckt. Ich frage den EDV Mann der hier ab und an rumschwirrt ob man die nicht schnell mal lokal installieren könne damit wir drucken können. Das wird verneint. Klar wäre das gegangen, ich brauch eine Treiber CD und schon kann jeder mit seinem Stick an dem Platz drucken. Wird mir allerdings zu dumm nachzuhaken. Ich mache den Moodle Test 97 Fragen nochmal. Bestanden. Dann schaue ich mir Excel mal genauer an. Da muss ich wohl etwas mehr Zeit investieren. Silke hat heute stolz verkündet Sie hat einen Praktikumsplatz. Ich hoffe für Sie es klappt. Ihr erster war kurzfristig doch noch abgesagt worden, da DIE SCHULE Schüler nicht so gerne genommen werden, sagt Sie. Genaueres, keine Ahnung. Sie war aber sehr enttäuscht. Silke erzählt von unerwartetem Besuch den Sie am Wochenende bekommen hat. LÄUSE. Aber Sie hat sie am Wochenende mit einer Ladung aus der Apotheke erfolgreich bekämpft. Das wird es wohl immer geben, zu meiner Schulzeit war das auch der Fall. Da muss man jetzt durch. Den ein oder anderen Spruch muss Sie sich doch anhören. Frau Mertens teilt mir mit, das ich ab Montag in der Süderstraße mit ECDL anfangen kann. Fred würde den gleichen Tag nehmen, das passt schon Ich freue mich darüber, aber bin aufgrund der allgemeinen EDV Situation skeptisch. Gut so. Selbständig weitergearbeitet bis 15:00 Uhr. Feierabend.

### Der zweiunddreißigste Tag

Dienstag,18.02.2014

Wie immer pünktlich. Ich glaube das fällt hier niemandem auf. Hauptsache die Anwesenheitsliste ist da. Es gibt Kandidaten die jeden Tag zu spät kommen, bin mir nicht im Klaren was die so zu hören bekommen. Wenn ich von Anbeginn etwas zurückhaltender gewesen wäre, hätte ich glaube ich Vorteile. Aber da ich meine große Klappe ja häufig nicht halten kann, fällt es mittlerweile zu sehr auf wenn ich nicht da bin. Falsch gezockt. Gegen 10:00 Uhr bin ich mit der gewünschten Überarbeitung meines Lebenslaufs fertig. Wird abgesegnet. Ach ja nochmal zum Thema verzockt. Da das Internet wieder nur sporadisch bis gar nicht funktioniert, alle auch nicht mehr an Ihren Daten herumfeilen müssen, starten wir eine schöne Runde Klabberjazz. Fred Michaela 2 und ich. Das macht Spaß, nach Kontra Re und 50 dagegen steigt Michaela aus. Und ganz wichtig, wir haben einen funktionierenden LASERDRUCKER im EDV Raum. Das ist nach Wochen der Finsternis ein Licht am Ende des Tunnels. Die von mir ausgelegten Reinigungsköder liegen immer noch rum. Besonders der dicke Filter. Die Vorgruppe erzählt von 2 Tagen Initiativbewerbung die Sie gemacht hat. Wir nicht. Das interessiert mich und ich hätte das wohl gerne gemacht. Zeit wäre genug gewesen. Menderes ist aus seinem Praktikum zurück. Das ging ja sehr schnell. So wie ich verstanden habe hat er es wohl ein wenig mit der Angst bekommen als Ihm verdeutlicht wurde wie wichtig die Unterlagen sind. Ich glaube Verantwortung ist nicht so sein Thema. Schade. Weiter nichts Erwähnenswertes. Ein Farbdrucker zum Ausdruck einiger Mappen ist noch nicht vorhanden. 15:00 Uhr Feierabend.

### Der dreiunddreißigste Tag

Mittwoch,19.02.2014

Habe mir gleich mal ein Notebook geschnappt. Wer weiß was so alles mit den stationären Rechnern los ist. Sicher ist sicher. Aber wir haben ja Englisch Unterricht. Notebook nehme ich mit. Nach einer viertel Stunde merke ich bereits, dass ich heute nicht so bei der Sache bin. Ich habe Probleme dem Unterricht zu folgen. Irgendwie ist mir der Unterricht heute auch zu schwer, sehr viele neue Vokabeln. Ich blende mich zur ersten längeren Pause aus dem Unterricht aus und ziehe mit meinem Notebook in den EDV Raum um. Hier sitzen die üblichen Probanden Gruppe 1. Frau Mertens kommt auf mich zu und hat noch etwas an meinem Lebenslauf zu verbessern. Ihr gefällt die große Lücke nicht die meine letzte Arbeitslosigkeit geschlagen hat. Was soll ich machen. Auf Ihr Geheiß hin denke ich mir ein paar Sachen aus die man während der Zeit gemacht haben könnte. Jetzt ist Sie zufrieden. Warum auch nicht, sieht besser aus, ob es stimmt oder nicht. Hellen hinter mir ( neuer Name, den Sie so für meine Aufzeichnungen gewählt hat ) stöhnt über den wieder extrem langsamen Aufbau der Internetseiten. Eine Seite, laut Hellen gefühlte 10 Jahre Aufbauzeit. Ein weiterer Name wird zukünftig auftauchen. Chantalle, so war ein weiterer Wunschname einer Mitbeteiligten. Diesen Gefallen tue ich Ihr gerne. Maren möchte gerne weiter Maren heißen. Ihr ist das egal. Das entspricht Ihrer Grundeinstellung wie ich vom ersten Tag an schon merken konnte. Ich habe heute zwei spontane Bewerbungen rausgesandt, Kurzbewerbung sozusagen auf zwei Stellen bei eBay-Kleinanzeigen. Verkauf im Sexshop. Wollte schon immer im Herzen Hamburgs, also der Reeperbahn arbeiten. Mal sehen was kommt. Chantalle hat mitgezogen und sich als Synchronsprecherin beim Studio Hamburg beworben. Warum nicht. Auch dieser Tag geht um 15:00 Uhr zu Ende.

### Der vier- und fünfunddreißigste Tag

Donnerstag,20.02.2014,Freitag21.02.2014

Plaut wollte heute am Donnerstag mit dem Thema Geschäftsbriefe beginnen. Aber er hat seinen USB Stick nicht dabei. Mit einer lustigen Ausrede umgeht er sein Versehen, vielleicht nimmt Ihm das ja jemand ab. Aber das stört keinen, alle sind froh, dass er da ist und wir was Sinnvolles machen. Er wird sich schon was einfallen lassen. Das Arbeiten im Netz geht natürlich wieder nicht. Laden von Dateien dauert eine Ewigkeit, Abstürze laufend!! Plaut bringt den Drucker wieder zum Laufen. Der hatte einen Tag nicht gewollt. Das ist aber eher eine kleine Sache, das Netzwerkkabel war lose. Die Tür geht auf und Frau Mertens steht mit Plauts USB

Stick im Raum. Keine Ahnung wo Sie den gefunden hat. Wir hatten uns aber inzwischen geeinigt mit Excel weiter zu arbeiten, womit die Frage hinfällig wird, was befindet sich auf dem USB Stick von Plaut? Ich freue mich schon auf Montag. ECDL soll losgehen. Arbeiten in der Süderstraße. Ich sehe das als willkommene Abwechslung. Auch hier mal raus ist schon eine Belohnung. 08:45 soll drüben die Einweisung sein. Klasse. Habe mich entschieden den ganzen Montag als ECDL Tag zu buchen. Sollte ich einen Praktikumsplatz bekommen kann ich den Montag als Präsenztag wählen und so zu 100% sinnvoll einsetzen. Wir fahren also im Unterricht mit Plauts Excel weiter. Nebenbei, wenn's läuft ein Moodle Fenster mit Excel offen. Paralleltraining. Auch schön mit Silke MP3 Daten getauscht. Sie hatte tatsächlich Ihr Notebook dabei. Heute ist wieder Krankheitstag, Rainer krank, Fred krank, Frau Rotbach immer noch krank, und Maren muss zum hundertsten Mal früher nach Hause. Die Kinder, diese kleinen Racker. Was macht Sie bloß, wenn Sie einen neuen Job findet? Feierabend um drei. Der Freitag startet genauso wie der Donnerstag endete. Wir machen weiter mit Excel. Passt gut in meinen EDV ECDL Plan. Da der Server ja immer noch nicht läuft, hat Plaut heute aber seinen USB Stick bestens vorbereitet. Er lässt ihn kreisen und jeder schafft es auch ihn auf sein Notebook zu kopieren. Mache mir wieder ein kleines Moodle Fenster auf. Rainer ist wieder da, Fred noch krank und Maren wohl auch. Sie fehlt. Jetzt kommt die Enttäuschung zum Wochenende. Der EDV Mann der hier mal wieder so rumgeistert teilt mir mit, das es am Montag in der Süderstraße nichts wird. Ich bin sehr enttäuscht. Stattdessen, schlägt er vor im EDV Raum 3 Plätze provisorisch (wie auch sonst)einzurichten und das ECDL Übungsprogramm lokal zu installieren. Das kann ja wohl nicht sein Ernst sein. Wie soll ich hier konzentriert lernen. Unmöglich. Ich wende mich an Frau Mertens und schildere Ihr die Situation. Ihr scheint der Ernst der Lage bewusst zu sein und sie bestätigt mir, dass es sich nur um eine kurzfristige Übergangslösung handeln werde. Sie bestätigt meine Meinung und Zweifel. Die Dame die uns am Montag in der Süderstraße die Einweisung geben sollte ist laut Frau Mertens informiert und kommt zu besagter Zeit in die Frankenstraße um uns hier kurz einzuweisen. Mir bleibt ja nichts weiter übrig, ich ziehe von dannen und bin gespannt wie die Einweisung Montag wird. In der Pause herrscht Depri Stimmung obwohl Freitag ist. Warum weiß ich nicht. Hellen schläft fast über Ihrer Zeitung ein, Chantalle ist wieder kreativ am Designen (das hat Sie wirklich drauf)und der Nachmittag nimmt mit Excel Übungen seinen Lauf. Feierabend und Wochenende, ich bin völlig alle.

### Die achte Woche

Der sechsunddreißigste Tag, Montag,24.02.2014

Frau Wollent erscheint viertel nach acht im EDV Zimmer. Sie möchte Ihre Schäflein sammeln, doch heute meldet sich kein einziger Proband zum SKT Training bzw. zum Montagmorgen Gespräch. Vielleicht war das ja das Ende des Projektes. Wer weiß. Mich interessiert auch viel mehr meine persönliche soziale Kompetenz. Nämlich die Einweisung um 08:45 Uhr. Daraus wird aber leider erst einmal nichts. Ich warte und warte und warte und warte. Es wird 09:30 bis endlich die Dame aus der Süderstraße erscheint. Frau Komputowisch. Sie fragt wo wir denn geblieben seien, Sie hätte wie vereinbart in der Süderstraße auf uns gewartet. Ich hake sofort nach, Sie ist nicht darüber informiert worden, dass die Einweisung hier stattfindet. Nicht einmal die Kommunikation auf kürzestem Wege, also im Hause (Frau Komputowisch hat Ihr Büro hier im 3 Stock) klappt. Außerdem geht Sie davon aus das wir auch zukünftig hier lernen sollen. Jetzt platzt mir der Kragen und ich bitte Frau Komputowisch etwas unbarsch mir ins Büro zu folgen. Dort konfrontiere ich die Damen mit der peinlichen Situation, was sie nicht davon abhält sich weiter an Ihren Kaffeebechern festzukrallen. Das machen Sie übrigens immer wenn Sie Powwow halten. Weil ich das ständige Grinsen im Moment nicht ertrage verlasse ich den Raum und überlasse den Damen der Klärung. Frau Komputowisch kommt zurück und bestätigt mir das niemand bescheid gegeben hat. Dann gibt Sie eine kurze Einweisung ins Programm. Viel ist nicht nötig, selbsterklärend. Wir vereinbaren in Kontakt zu bleiben. Sehr nette sympathische Frau bei der ich mich für meinen stürmischen Auftritt nachträglich Selbverständlich entschuldigt habe. Sie konnte mich verstehen. Danke!! Rainer macht's richtig, Kopfhörer auf und los geht's. Das gefällt mir. Ich selbst zögere und bitte den sprechenden Pfeiler mir Ihr Sakrotanspray zu leihen. Ich reinige den Kopfhörer so gut es geht. Ich bin mit dem Ergebnis nicht zufrieden. Nach Feierabend werde ich mir bei Saturn einen Kopfhörer mit Verlängerung kaufen. Andere Lösung nicht möglich. Ich habe nebenbei ein Bewerbungsschreiben an Radio Hamburg fertig gestellt und Frau Bartes zur Durchsicht gegeben. Auf die Anzeige hatte mich ein bekannter aufmerksam gemacht. Heute fällt mir extrem auf, das die Meisten ja eine recht große Klappe haben wenn die Damen nicht im Raum sind, sobald Sie aber in der Nähe sind, herrscht betretenes Schweigen. So sind die Menschen halt. ECDL Programm läuft, das ist schon einmal gut. Frau Rotbach kündigt kurz vor Feierabend an, dass wir den kommenden Tag mit einem Kommunikationstraining starten werden. Find ich gut, freu mich drauf. Feierabend

### Der siebenunddreißigste Tag

Dienstag,25.02.2014

Pünktlicher Beginn des Kommunikationstrainings. Frau Wollent nimmt als Beisitzer teil. Man merkt, dass Frau Rotbach die Zeit Ihrer Krankheit genutzt hat um sich vorzubereiten. Eine gute Flipchart Vorbereitung und auch sonst gefällt mir der Vortrag gut. Kurzweilig. Sie beginnt mit dem Klassiker vom Mann mit dem Hammer. Gute Einleitung. Die kleinen Pantomime Spielchen werden zwar nicht angenommen, das übergehen die Damen aber indem Sie selbst zu Schauspieler werden. Zum Schluss wird noch ein stille Post Spielchen gemacht. Frau Rotbach, das hat mir gut gefallen, weiter so. Um 11:00 Uhr habe ich ein Gespräch mit Frau Mertens um das ich gebeten hatte. Nach längerer Überlegung bin ich zu dem Entschluss gekommen mich aus dem Englisch Unterricht auszublenden. Dafür werde ich meinen Schwerpunkt aus schon erwähnten Punkten auf die EDV setzen. Mir läuft erstens die Zeit davon (6 Monate) und zweitens wird mir das zu viel. Ich muss mich mehr um das Bewerbungsthema kümmern. Positives Gespräch, Frau Mertens unterstützt meine Entscheidung und wir verbleiben. Danach erhalte ich die Korrektur meiner Radio Hamburg Bewerbung zurück, kurz nachgebessert und abgesegnet. Da ich nach dem dritten vergeblichen Versuch die Bewerbung zu versenden erfolglos bleibe da die EDV immer noch nicht läuft, versende ich die Daten dann abends von zuhause aus. So sollte das eigentlich auch nicht sein, aber egal. Ab 14 Uhr war ich wieder völlig im Einer, was ist nur los? Feierabend!!

### Der achtunddreißigste Tag

Mittwoch, 26.02.2014

Bin heute Morgen gleich zu Lenin gegangen und habe Ihn um ein kurzes Gespräch gebeten. Ich habe versucht Ihm meine Entscheidung zu erklären und Ihm deutlich zu machen das die Entscheidung nichts mit seinem Unterricht und nichts mit seiner Person als Dozent zu tun hat. Er hat es verstanden, dass mir das Erreichen eines Zertifikats wichtig ist, welches er mir nicht ausstellen kann.
Hier nochmal deutlich gesagt: Danke Lenin, klasse Unterricht, klasse Typ. Bleiben Sie so!
Weiter geht's für mich im EDV Raum. Internet funktioniert wieder nur zeitweise wie mir von den anderen Probanden mitgeteilt wird. Habe dann den ganzen Tag weiter ECDL gemacht. Weicht schon von der Moodle Software ab, was mich ein wenig verunsichert. Fred nimmt mir die Angst, denn die Prüfungen orientieren sich eher an Moodle als an der ECDL Übungssoftware. Der Kauf eines eigenen Kopfhörers erweist sich als Volltreffer. Leicht und vor allem SAUBER!! Die Köder liegen immer noch rum. Michaela hat ab Montag in einer Woche einen Praktikumsplatz beim Blutspendedienst. Sauber!!! Silke hat Präsenztag. Im Gespräch teilt Sie mir mit, das der Job wohl nichts für Sie ist, Sie macht das Praktikum aber zu ende, da Sie ein schickes Zeugnis erwartet, auch gut. Feierabend und freue mich auf EDV Plaut.

### Der neununddreißigste und vierzigste Tag

Donnerstag, 27.02.2014, Freitag, 28.02.2014

Plaut ist krank, das bedaure ich sehr. Ich kann mich zwar alleine mit Word und Excel beschäftigen, allerdings sind Plauts Hilfen und Tipps natürlich wichtig. Er beantwortet ja auch individuelle Fragen die während der Woche entstanden sind. Frau Rotbach gibt sein Fehlen im EDV Raum bekannt. Ein Alternativprogramm wird nicht geboten. Wir sollen uns mit uns selbst beschäftigen. Ich hoffe niemand nimmt es wörtlich. Katrin, der Geist der sich seit Tagen mit einem Notebook in andere Räume verkrümelt hat, hat entschieden heute mal bei uns zu sitzen. Sofort macht Sie einen Aufstand über die Lautstärke im Raum, wir sollen doch alle mal Rücksicht auf Sie nehmen. So macht man sich Freunde. Sie tut mir nicht mehr leid! Von der Leitung mal wieder nichts zu sehen. Menderes scheint neugierig geworden zu sein, ich helfe Ihm sich bei Moodle anzumelden. Hau rein Menderes. Montag in der Süderstraße wird noch nichts, ich war kurz oben im dritten. Frau Komputowisch kann ich erst morgen wieder erreichen. Kurz vor 2 taucht Frau Mertens auf und hilft Menderes bei seinen Fragen zum Thema Anschreiben. Hab per email die erste Absage Verkauf Sexshop erhalten. 15:00 Uhr, nix wie weg

# TOPKAPITEL!!!!

Freitag und Plaut erscheint! Was für ein Glück, noch so ein Selbstbeschäftigungstag und ich fange wirklich an rumzufummeln. Jetzt passiert etwas völlig suspektes, eines der Highlights bisher. Wie gewohnt läuft Netztechnisch wieder gar nichts. Plötzlich steht die Raumführungsbeauftragte Frau Wegschau im Raum und stellt lautstark fest, dass die EDV wohl nicht funktioniert. Das täte Ihr wohl sehr leid. Aber es wird noch besser. Lautstark stellt Sie tatsächlich die Frage in den Raum (es gibt Zeugen ohne Ende) ob das denn schon länger so gehe??? Fred und ich schauen uns völlig perplex an, wir fassen es nicht. **Seit einem Monat, seit wir umgezogen sind läuft hier so gut wie nichts und Frau Wegschau fragt wie lange!!!!!!** Gibt es keine Kommunikation zwischen Ihr und dem anderen Team. Sie verlässt den Raum, ankündigend Sie werde sich mal drum kümmern. Fred läuft zur Hochform auf. Seine Wegschau Parodie ist filmreif. Guten Humor hat der Mann. Ich gebe erst einmal bescheid das ich am 10.03 die Handwerker habe. Wenigstens das wird ohne zettelkrieg akzeptiert. Aber ACHTUNG, Wegschaus nächster Akt. Hektisch kommt Sie mit Hörer am Ohr in den EDV Raum und führt pseudoanalytische EDV Gespräche mit wem auch immer. Was für eine Show. Sie versucht sich sogar an einem Arbeitsplatz, mit irgendwelchen sinnlosen Kontrollaufrufen. Hoffentlich startet der jetzt wenigstens noch. Mehr als Hohn und Gelächter erntet

Sie heute nicht. Ich bringe den Tag mit Excel Übungen zu Ende. Danke Plaut, ab ins Wochenende.

## Die neunte Woche

### Der einundvierzigste Tag, Montag 03.03.2014

Die Tage nehmen ihren Lauf. Und auch Frau Wegschau ist wieder im Auftrag der EDV unterwegs. Punkt acht schwirrt Sie aufgeregt durch den EDV Raum und teilt uns mit, dass die EDV, Sie meint damit das Internet, nicht funktioniert. Vielleicht glaubt Sie ja schon wieder es könne sich hierbei um eine Neuigkeit handeln. Oh Frau Wegschau, was ist bloß los. Es läge jetzt an der Fritzbox, diese würde dann wohl heute gewechselt werden. Hurra denkt hier keiner mehr. Maren mault rum weil Sie immer noch auf Ihre Bewerbungsunterlagen wartet, aber Frau Mertens ist heute nicht da, weiter warten. Herr von Ast hat sich Verstärkung besorgt. Gemeinsam mit einem Kollegen wurschteln Sie an der Hardware rum. Die Herren machen Fortschritte. Die Netzwerkverbindung steht. Mein Rechner läuft wie durch ein Wunder ohne Abstürze. Auch die anderen Arbeitsplätze laufen. Herrgott, lass es bitte kein Zufall sein. Ich nutze die Chance und Moodle mir einen. Für morgen nehme ich mir Bewerbungsarbeiten vor. Frau Wollent heute sehr bemüht mit Menderes und Ivonne. Beide kriegen in Zusammenarbeit mit Ihr je eine Bewerbung raus. Weiter so. Wir haben ein neues Kollegenpseudonym gefunden, Fred Kupitzke. Kriegt selber raus wer das ist. Tag gelaufen, Feierabend.

### Der zweiundvierzigste Tag

Dienstag 04.03.2014

Es ist wieder acht. Heute herrscht irgendwie beklemmende Leere. Irgendetwas scheint heute personell nicht zu stimmen. Bis zum Mittag sind nur Michaela 1, Fred, Ivonne und ich im EDV Raum anzutreffen. Der Rest ist krank zu Hause oder sonst wo. Das trägt nicht dazu bei, die allgemeine Stimmung zu heben. Gut ist, das Netz läuft auch heute. Allerdings kommt die schlechte Nachricht prompt von Frau Rotbach. Aus unserem Termin in der Süderstraße zwecks ECDL wird erst einmal nichts. In der Süderstraße herrscht EDV Stillstand. Das kennen wir doch irgendwo her. Um einer schweren Depression unsererseits vorzubeugen soll ECDL Core vorübergehend auf einigen Notebooks installiert werden um uns zumindest so die Möglichkeit zu bieten mit dem Programm zu beginnen. Fred ist auch schon schwer angenervt, er kommt mit seiner Übung auch nicht weiter. Wieder passiert bis Mittag nichts, nur Fred wird von Frau Rotbach zum Sachstandsgespräch gebeten. Der Tag ödet weiter. Menderes ist jetzt auch anwesend. Ich habe weiter an meinem Flyer gebastelt, der sollte bald fertig sein. Kein Mensch von der Leitung hat mich bislang darauf angesprochen. Meine Eigeninitiative scheint niemanden zu interessieren, obwohl der Flyer offen rumliegt. Mir mittlerweile egal. Freds Gespräch hat länger gedauert als erwartet. Es ging um Grundsätzliches. Ich hoffe er hat seine Botschaften so rüber gebracht wie er sie uns schildert. Wäre klasse. Menderes zeigt weiterhin Interesse an ECDL, wird aber so habe ich das Gefühl etwas durch die Leitung ausgebremst. Das ich Ihn in die Welt des Moodle eingeweiht habe stieß bei Frau Wollent etwas auf Unmut. Kann sein das es an seinem Wissensrückstand liegt. Dann sollte man aber Klartext mit Ihm reden. Ich denke Plaut wird dazu auch was gesagt haben. Ich werde das weiter beobachten. Hoffe morgen wird ergiebiger.


### Der dreiundvierzigste Tag

Mittwoch 05.03.2014


Wieder im EDV Raum. Die Führung ist wieder komplett. Frau Mertens, Wollent und Rotbach anwesend. Frau Wegschau sieht man nicht, wie immer. Habe mir gestern Abend noch vorgenommen Bewerbungen auf Grundlage meines Street live Anschreibens rauszusenden. 4 Bewerbungen fertig gemacht und an Straßen Sozialarbeiten rausgesandt. Den Flyer habe ich weiter nicht erwähnt. Eine weitere habe ich für morgen vorbereitet. **Die Netzwerkverbindung arbeitet am dritten Tag ohne Unter-**

brechungen. Weit über einen Monat hat es gedauert!
Die momentane Krankheitslage macht es Lenin leider auch nicht leicht. Er hat nur Silke und Ghost zum Unterricht. Aber er zieht es souverän durch. Gegen Mittag verabschiedet sich Menderes auch noch. Magen Darm. Er fühlt sich unwohl. Großes Gelächter als er von den Damen zurückkehrt. Die Damen haben Ihn mit einer Spucktüte versehen. Allerdings von der Größenordnung in der man im Bettenlager Bettdecken verpackt bekommt. Ich bete, dass er die Tüte nicht benötigen wird. Mein Gebet hat Erfolg. Mit der Riesentüte im Schlepp( Leines lässt grüßen)meldet er sich ab. Die Installation der ECDL Software auf drei Notebooks wird vollzogen. Herr von Ast macht uns durch seine stöhnenden Verzweiflungslaute keinen Mut. Er hasst diesen Raum wohl wirklich. Via Internet flattert meine erste Absage herein. Straso Horn. Mir ist klar, das dies nicht die letzte sein wird. Bis zum Mittag weiter gearbeitet. Irgendwie gefällt es mir mit 4 Personen im Raum. Wenn es so weiter geht, hat bald jeder Proband seine eigene Bezugsperson, wenn die denn gesund sind. Frau Mertens verabschiedet sich zum Praktikumsbesuch. Wir machen auch pünktlich Feierabend.

### Der vier-und fünfundvierzigste Tag

Donnerstag 06.03.2014 und Freitag 07.03.2014

Acht Uhr und wir starten in den EDV Unterricht. Plaut ist erkältet und scheint etwas durch den Wind zu sein. Er hat sein Netzteil vergessen und sein Notebook Akku steht kurz vor dem Zusammenbruch. Gegen 9 Uhr starten wir hingegen der Planung mit Excel. Das Thema Geschäftsbrief wird verschoben, was allgemein auf Zustimmung trifft. Nur Ghost mault ein wenig mit sich selbst. So verstreicht die Zeit bis zum Mittag. Das Krankheitsbild weiterhin dramatisch. Auch wieder 2 Absagen erhalten. Straso Büros. Das motiviert mich nicht besonders aber ich versuche mich trotzdem weiter am Unterricht zu beteiligen. Bekommt

eh keiner mit wie es in irgendwem aussieht. Meine Frau ruft an und teilt mir mit das ich Post von der Rentenversicherung erhalten habe. Ich soll mich weil die Maßnahme bald endet wieder Arbeit suchend melden. Ist zwar noch etwas Zeit, hat aber seine Berechtigung. Um mich trotzdem genauer zu informieren telefoniere ich mit Herrn XXX von der Rentenversicherung. Er sagt es reicht in der Regel wenn man dort telefonisch bescheid gibt. Das wird mir vom Amt auch bestätigt, da keiner sagen kann wann genau ich dem Markt wieder zur Verfügung stehe. Verlängerung der Maßnahme ja oder nein. Ich werde ein paar Tage später aber noch ein Mail an die Behörde senden. Sicher ist sicher. Nachmittags Eigenarbeit. Plaut steht jedem mit Rat und Tat zur Verfügung. Netzwerkanbindung weiterhin stabil.
Freitag im EDV Raum. Heute war ein Tag ohne große Aufregung. Plaut startet das Thema Geschäftsbriefe. Für mich eine extrem langweilige DIN ... Geschichte. Kann mein Interesse nicht wecken und so Moodle ich nebenbei. Dann entschieden nebenbei die Bewerbung Elbe Erlebnis zu vollenden. Nach der zweiten Korrektur durch Frau Mertens, geht sie raus. Dann gibt es noch die Elbmeister, die mache ich Montag. Wir sind weiterhin nur 5 Teilnehmer. Rest weiter krank. Herr von Ast taucht auf. Er hat auf mein Bitten hin drei nagelneue Kopfhörer besorgt. Super und vielen Dank. Die gebrauchten sind Herpes verdächtig. Am Nachmittag noch gemoodelt. Computer weiterhin stabil. 15 Uhr Feierabend und ab durch die Mitte.

### Die zehnte Woche

Der sechsundvierzigste Tag, Montag 10.03.2014

Wieder 8 Uhr. Frau Rotbach teilt uns kurzfristig mit, dass wir heute Stresstraining machen. Das interessiert mich! Obwohl ich den Montag ja zu meinem ECDL Tag erklärt habe, nehme ich gerne am Stresstraining teil. Wir sind heute wieder nur 5 Personen, geht aber auch so. Mir fällt auf, dass Reiner 1 ja schon eine Ewigkeit fehlt. Das sieht nach Abbruch aus, vermute ich aber nur. Frau Wollent spricht mich an wie denn meine ECDL Prüfung war. Woher Sie das wohl hat? Ich hab keine Prüfung gemacht. Wie auch, hab doch erst seit ein paar Tagen die Möglichkeit mich mit ECDL also nicht Moodle zu beschäftigen. Tome war von

Ihrem Vorstellungstermin nicht so begeistert. Schwer heben etc. Das was eher nicht so in Frage kommt. Das war der Vormittag. Habe am Morgen schon einen Fehlzeitenzettel abgegeben, denn ich habe die Rauchmelder Wartung im Hause. Also war für mich um 12 Uhr Feierabend.

## Der siebenundvierzigste Tag

Dienstag, 11.03.2014

Ich hatte Frau Mertens gebeten mir Farbausdrucke für die Bewerbung Erlebnistörns zu erstellen. Sie vertröstet mich um einen weiteren Tag da der Farbdrucker im 3 wohl nicht einwandfrei arbeitet. Was machen denn die anderen Probanden. Na ja, das Gros geht ja eh per Mail raus. Habe 2 weitere Bewerbungen fertig gemacht und rausgesandt. Hadag und Elbmeister. Die gehen dann schon mal per Mail auf die Reise. Wir müssen feststellen, dass Michaela zaubern kann. Sie behauptet energisch auf dem Laserdrucker im EDV Raum schon Farbdrucke erstellt zu haben. Sie behauptet sogar mir diese Ausdrucke gezeigt zu haben. Fred und ich sind erstaunt. Wenn Kyocera das rausbekommt, das sie einen teuren Farblaser als SW Drucker vertreiben, werden dort wohl Köpfe rollen. Ich hoffe Michaela schweigt darüber. Fred und ich haben unseren Spaß. Frau Mertens hat die Farbausdrucke noch hinbekommen und so wird diese Bewerbung heute auf dem Postwege rausgehen. Soziale Kompetenz wurde auf Bitten auf den Nachmittag verlegt. Mir egal, ich nehme ja eh nicht daran teil. Das dachte ich! Denn Fred hatte heute mal Lust an der Sozialen Kompetenz Stunde teilzunehmen. Zirka eine viertel Stunde nach Beginn kam die gesamte Kompetenzgruppe inkl. Führung in den EDV Raum. Er wurde uns mitgeteilt, dass es Gesprächsbedarf gebe. Offenbar war es zwischen Fred und Ghost zu einem Disput gekommen der uns alle anging. Fred war auf 190 Betriebstemperatur. Er war wohl von Ghost angeklagt worden einer der Urheber der Lautstärke im EDV Raum zu sein. Das sollte jetzt im Plenum geklärt werden. Ghost hatte sich beschwert, aber nicht auf korrekte Art. Das geht nicht in einer Gruppe die harmoniert und in der man sich selbst ins Abseits stellt. Es kam zu einer Situation, in der jeder die Möglichkeit hatte sich zum Thema Lärmbelästigung zu äußern. Ich trug sofort vor das mich nichts stören würde. Es gebe ausgedehnte Ruhephasen und auch wieder Phasen in denen mal gesprochen und sogar gelacht werde. Mit letzterem hat der Geist allerdings Gar nichts zu tun. Die Anderen Kollegen äußerten sich ähnlich. Große Show, Ghosts Versuch ging leider voll nach hinten los. Da es mir fern lag, mich detailliert vor der Gruppe zu äußern, bat ich frau Rotbach nach Rundenende um ein Gespräch unter 4 Augen. Hätte ich mich vor der Gruppe weiter geäußert, wäre es wohl eher verletzend für den Geist geworden. Das wollte ich Ihr nicht antun. Ich habe Frau Rotbach eingehend die Situation in der Gruppe geschildert. Deutlich bin auf die Rolle Ghosts eingegangen und habe versucht dabei so sachlich wie möglich zu bleiben. Ich will hier nicht weiter drauf eingehen, ich denke Frau Rotbach hat verstanden was ich mitteilen wollte.

### Der achtundvierzigste Tag

Mittwoch, 12.03.2014

Heute hab ich nur kurze Notizen gemacht. Hat wohl seinen Grund. Ich nehme wie geplant nicht am Englisch Unterricht teil. Dafür starte ich den ECDL Kurs von vorne. Die Damen ließen sich über den Tag verteilt des Öfteren bei uns blicken um zu helfen. Liegt das am gestrigen Problemorientierten Gespräch. Wer wird es jäh ergründen. Der Geist war den ganzen Tag nicht zu sehen. Wie schon die Wochen vorher, hat Sie sich mit einem Notebook ausgestattet, woanders hingesetzt. Habe Frau Rotbach mitgeteilt ich gerne am Montag den Word Test machen möchte. Da im dritten Stock beide Damen im Urlaub sind muss ich abwarten. Frau Mertens teilt mit das Sie ab morgen im Urlaub ist. Gut das ich alles erledigt habe. Und wieder ist es FEIERABEND

## Der neunundvierzigste und fünfzigste Tag

Donnerstag, 13.03.2014, Freitag 14.03.2014

8:00 Uhr und ich traue meinen Augen kaum. Frau Wegschau ist anwesend und die PCs laufen auch weiterhin. Vor 9:00 Uhr starten wir natürlich nicht mit dem Unterricht. In letzter Zeit ist Plaut dazu übergegangen, seinen Unterricht immer im Unterricht vorzubereiten. Ihr habt noch eine halbe Stunde Zeit wird bald zum geflügelten Wort werden. Aus der halben wird später meist eine Stunde werden. Wen stört es? Das Thema heute lautet, wir erstellen eine Rechnung unter zu Hilfenahme von Excel. Dann noch kurz auf das Thema wenn-dann Formel eingegangen. Der Tag plätschert wie gewohnt so vor sich hin. Mit Plaut noch kurz über die ECDL Prüfung Word gesprochen, er meint machen. Der Tag zog sich hin, Frau Mertens Urlaub, Frau Rotbach alleine. Sie kündigt den Word Test für Montag an. Sehen wir mal ob es klappt. Fred bereitet sich auf PowerPoint vor. Der Freitag war jetzt völlig unspektakulär. Wir habe Weiter mit Excel gearbeitet, Ab 10:00 Uhr versteht sich, vorher hatte Plaut natürlich seine Vorbereitungsphase. Alle überglücklich das es jetzt ins Wochenende geht.

## Der einundfünfzigste Tag

Montag, 17.03.2014

Wir warten, dass es mit der ersten Prüfung losgeht. Aber erst einmal passiert gar nichts. Dann teilt uns Frau Wollent mit das wir um 10 Uhr den Test machen können. Michaela und ich Word, Fred PowerPoint. Um 10 Uhr ist es dann soweit, die Prüfung findet hinten im kleinen Gruppenraum statt. 3 Notebooks sind eingerichtet. Ghost sitzt hier auch rum. Stört mich nicht, die Anderen wohl auch nicht. Nach 35 Minuten ist alles vorbei. Alle haben den Test bestanden. Frau Wollent als Aufseherin freut sich. Kritik, die Notebooks sind nicht geeignet. Eine Darstellung des gesamten Bildes ist nur möglich wenn man scrollt. Das erschwert die Testbedingungen und kostet natürlich Zeit. 36 Fragen in 35 Minuten. Besser ohne ewiges Scrollen. Word ist damit abgehakt, wir haben auch keine Lust mehr. Also los geht es mit Excel. Damit beschäftigen wir uns auch den ganzen Nachmittag.

### Der zweiundfünfzigste Tag

Dienstag, 18.03.2014

Heute war ein trostloser Tag, nichts passiert. Hatte mir vorgenommen 2 Bewerbungen rauszusenden. Aber die allgemeine Antriebslosigkeit aller Probanden hat binnen 10 Sekunden Besitz von mir ergriffen Ich hangle mich mit ECDL Übungen durch den Tag. Die Zeit will heute nicht vergehen. Auch mein Geheimrezept von Stunde zu Stunde zu denken hilft heute nicht. Blockadetag. Von der Führungsriege hat sich heute auch keiner im EDV Raum blicken lassen. Warum auch. Eigenarbeit ist ja auch sooo schön einfach. Mein Kaffeekonsum steigert sich ins unermessliche. Der KaffeeauMichaelat im dritten Stockwerk muss für seinen Aufsteller ein wahrer Goldesel sein, denn die Kollegen sind auch ganz fleißig am Kaffee Umsatz beteiligt. Bin kurz oben bei der Kollegin von Frau Komputowisch gewesen. Ab dem 24.03 soll die Süderstraße wieder arbeitsfähig sein. Das bedeutet für uns, dass wir unsere ECDL Trainingseinheiten dorthin verlegen können. Erstens bessere Arbeitsbedingungen und zweitens eine gern gesehene Abwechslung. Freu mich drauf. Dann plötzlich , 15:00 Uhr. Ein Wunder.

### Der dreiundfünfzigste Tag

Mittwoch, 19.03.2014

8:00 Uhr. Jeder kämpft für sich alleine. Ich habe 2 interessante Adressen im Internet gefunden und im Laufe des Vormittags zwei Bewerbungen geschrieben. Da Frau Mertens noch im Urlaub ist hab ich sie Frau Rotbach zur Kontrolle hingelegt. Sie hat sie nach kurzer Kontrolle schmerzfrei abgesegnet. Geht doch! Das miteinander unter den Kollegen wird zurzeit auch öder. Man hat sich wohl nicht mehr so viel zu erzählen. Oh Gott, wenn das gesamte Pulver jetzt schon verschossen ist, wie soll es denn werden wenn ich in 3 Monaten noch hier bin? Den Rest des Tages habe ich weiter mit ECDL Übungen verbracht. Außerdem gut das morgen Donnerstag ist, Plauts nächste Unterrichtseinheit. Ich kann meine Excel Aufgaben fertigstellen. Gruppe 1 kriegt langsam Muffensausen was die Verlängerungen Ihrer Maßnahmen angeht. Das ist heute Gesprächsthema Nummer eins. Naaa, kriegt Ihr Angst? Ich habe mich heute via Mail wieder Arbeitsuchend gemeldet. So wollte es ein Schreiben der Rentenversicherung das ich auf dem Postwege erhalten habe. Schauen was passiert, oder was ich machen muss. Menderes krank, Chantalle wieder da. Tome forscht weiter nach Jobangeboten und Maren mault weiter vor sich hin. Wie immer. Feierabend!

### Der vier-und fünfundfünfzigste Tag

Donnerstag, 20.03.2014, Freitag 21.03.2014

**TOPKAPITEL!!!**

8:00 Uhr und wir bekommen von Plaut wieder die obligatorische halbe Stunde damit er sich vorbereiten kann. Was für eine Show. Den Vormittag verbringen wir damit uns mit den Excel Menuebändern vertrauter zu machen. Das kann nicht schaden. Die Unterschiede der einzelnen Probanden werden immer deutlicher. Klar zeichnen sich die Gruppen ab, was die Leistungsfähigkeit hinsichtlich der Mikrosoft Produkte angeht. Das ist offen sichtlich. Frau Rotbach teilt uns mit das die ECDL Software auf den Notebooks gelöscht wird, da ab Montag die benötigten Arbeitsplätze in der Süderstraße eingerichtet sind. Mal schauen wie ich meinen Tag lege, vielleicht lieber 2 halbe Tage. Nachmittags wieder freies Arbeiten unter Plauts Aufsicht. Das Wetter ist schön, die Fenster sind geöffnet und im Hinterhof befinden sich mehrere Personen im hörbaren Gespräch. Handwerker vermute ich. Im EDV Raum herrscht Ruhe bis zu dem Moment an dem Ghost eine Frage stellt. Trocken und bestimmt wendet Sie sich an Lother, den Sie, immer noch mit Sie anredet. Sie fragt:

HÖREN SIE AUCH STIMMEN? ICH HÖRE DIE GANZE ZEIT STIMMEN!

Was für ein Brüller, mein Blick schießt sofort zu Fred, der verkrampft schlagartig hinterm Monitor. Ich muss sofort wieder wegschauen, sonst breche ich schreiend zusammen. Der ganze

Saal reißt sich am Riemen um nicht in schallendem Gelächter zusammen zu sacken. Plaut rettet die Situation, mit beachtlicher Ruhe erklärt er Ghost es seien Stimmen aus dem Hinterhof, sie brauche sich keine Sorgen machen. Er hört es auch. Was für ein HELD! Die Spannung löst sich 10 Minuten später auf dem Hof. Fred, Ute, Michaela und ich brechen zusammen. Lange nicht mehr so schön gelacht, das war sehr befreiend. Dann wieder zurück ins Schweigezimmer, der Maulkorberlass zeigt seine Wirkung und wir werden zur Ruhe ermahnt. Egal, der Tag hat sich gelohnt, Feierabend. Freitag und 8 Uhr. Plaut braucht seine halbe Stunde, die nutze ich um mit Frau Rotbach zu sprechen. Montag und Dienstagvormittag, werden wir zu dritt ECDL machen. Dann ab 13 Uhr wieder Frankenstraße. Da bis heute 13 Uhr noch keine genaue Antwort vorliegt, werden wir gebeten Montag erst einmal wieder in die Frankenstraße zu kommen. Was für ein hin und her. Plaut hat den ganzen Tag Vertragsrecht und BGB mit uns gemacht. Wem es liegt! Das war die Woche, Feierabend und Wochenende

### Der sechsundfünfzigste Tag

Montag, 24.03.2014

8:00 bis 10:00 Uhr, alle dödeln in der Montagslethargie vor sich hin. Es herrscht Ruhe im Land. Dann um 10 Uhr erscheint Frau Mertens im Raum und erklärt uns sie heiße jetzt nicht mehr Mertens, denn Sie habe den Kurzurlaub, zu Heiratszwecken genutzt. Herzlichen Glückwunsch. In meinem Tagebuch nennen wir Sie mal weiter Mertens. Sie lädt uns zu Kaffee und Brötchen in die Bunkerküche ein. Maren und Ivonne sausen spontan los und besorgen einen schicken Blumenstrauß. Mit 2 Euro ist jeder dabei. Gemütliches Frühstück zusammen, Frau Mertens hat lecker aufgefahren und freut sich offen sichtlich sehr über unseren Strauß Blumen. Frau Rotbach teilt mit, dass Sie einen Tag an Frau Wollent abtreten wird, da es Ihr wohl zu viel wird. Kaum zu glauben in dem Alter und bei der fehlenden Berufserfahrung! Dienst Frau Mertens bleibt gleich. Na ja, vielleicht, wenn der Mutterwunsch jetzt nicht Überhand gewinnt! Unterrichtszeiten Englisch werden auch verlegt. Die neue Gruppe mit Probandennachschub beginnt schon am 01.04. Bin gespannt wie die jetzt schon vorherrschende

Enge der Situation gerecht werden kann. Wir bekommen bescheid, dass wir ab morgen in der Süderstraße starten können. Das freut mich, aber ich warte lieber bis morgen. Am Nachmittag einen neuen Bewerbungsentwurf für das Drob-Inn geschrieben. Die letzten Tage leide ich unter Kopfschmerzen. Bin auch etwas müde, das liegt wohl an der wachsenden Coffein-Immunität. 15 Uhr Feierabend.

### Der siebenundfünfzigste Tag

Dienstag, 25.03.2014

8:00 Uhr. HURRA es ist geschafft. Endlich stehen Arbeitsplätze in der Süderstraße zur Verfügung. Ich habe schon fast nicht mehr daran geglaubt. ECDL ich komme. Herr von Ast ist vor Ort und öffnet uns dreien den uns schon bekannten Computerraum. Ach wie vertraut und lichtdurchflutet. Wie es aussieht, sind wir drei zurzeit auch die einzigen Schüler. Herr von Ast will uns erst einmal mit dem ECDL Prinzip vertraut machen bis wir Ihm erklären, dass wir alle schon Prüfungen abgelegt haben. Das macht alles nichts, wir sind heilfroh über den Tapetenwechsel. Danke!!! So ECDL`n wir bis zur Frühstückspause vor uns hin. Bis auf Fred hat keiner einen Zugang zur Zeiterfassung, egal. Zwei weitere Personen haben sich zu uns gesellt. Alle arbeiten konzentriert weiter, super Atmosphäre. Schon ist es 12:00 Uhr und wir machen uns auf den Weg in die Frankenstraße. Alles beim Alten. Nachmittags, selbständiges Arbeiten. Habe Jobbörsen abgesucht, nichts gefunden. Gesprächsthema ist die neue Gruppe. Alle machen sich berechtigterweise Sorgen um die Platzverhältnisse. Zu Recht wie sich später zeigen wird. Alles in Allem ein guter Tag.

### Der achtundfünfzigste Tag

Mittwoch, 26.03.2014

Pünktliches Eintreffen. Habe 2 Bewerbungen auf der Uhr die ich heute fertig machen will. Anschreiben fürs Drob-in fertig plus eines Straso. Vielleicht erst einmal wichtig, den Kontakt zum Besenbinderhof herzustellen. Frau Mertens hat das Anschreiben zur Korrektur erhalten. Dann noch ein weiteres Schreiben erstellt, Seemannsheim Hamburg. Klingt gut. Das möchte ich mal Plaut zeigen bevor es bei unseren Damen landet. Danach dann erst einmal Mittagspause. Sonne kommt durch, das hilft neben meinen regelmäßigen Besuchen im Sonnenstudio. Das ist Entspannung. Für den Nachmittag möchte ich etwas Excel nachholen. Ich hoffe auf schnelles Zeitvergehen. Ute kann keine Bewerbungen raussenden weil die Mappen alle sind. Anstatt jetzt zu Staples zu gehen und einen Karton zu kaufen, Leichenstarre beim Personal. Es seien wohl welche bestellt, aber der Lieferant.....Kurz vor Feierabend tauchen dann doch noch zwei Mappen auf, was daraus wurde, mir egal.

### Der neunundfünfzigste und sechzigste Tag

Donnerstag, 27.03.2014, Freitag, 28.03.2014

Die Tage werden kürzer, nein länger. Mit anderen Worten passiert im Moment nicht so viel, deshalb fallen die kommenden Tage auch etwas dürftiger aus. Ich werde mir Mühe geben ab dem 14.03. wieder mehr zu notieren. Das liegt jetzt daran, das ich heute bis zum 11.04. nachtrage und mir aufgefallen ist das ich weniger notiert habe. Also, bis zum 14`ten etwas dürftiger. Heute startet Plaut mal etwas verspätet. Dafür hat er ein neues Thema im Gepäck. Garantie ist das Thema des Tages. Das geht bis 10:00 Uhr so. Dann erscheint Frau Mertens und wir gehen meine Anschreiben durch. Nach kurzen Korrekturen werden diese abgesegnet und ich kann die Bewerbungen noch raussenden. Den Nachmittag haben wir ja wieder zur freien Arbeit unter Leiter Plaut. Jeder nutzt Ihn so gut er kann oder will. Der Freitag ist nicht weiter erwähnenswert. Vormittags, Excel Übungen, nachmittags wieder freies Arbeiten. Weiter passiert nichts. Ich frage mich warum sich Anwesende Personen wie Vinyl(noch nicht erwähnt) an nichts beteiligen brauchen und die ganze Zeit nur Privatkram oder Handygedaddel machen. Sie wird auch nicht drauf angesprochen. Auf der anderen Seite glaube ich auch das Sie völlig überfordert wäre. Nach drei Monaten ist Sie nicht im Stande Dateien zu kopieren. Wenn ich Ihr bei Ihren ständigen Fragen helfe, merke ich, dass Sie nicht viel gelernt hat. Sie ist länger hier als ich .Die sitzt hier beaufsichtigt Zeit ab.

### Der einundsechzigste Tag

Montag, 31.03.2014

Wir treffen uns zu dritt im ECDL Raum Süderstraße. Guter Wochenanfang. Hier sitzt auch seit einer Woche eine Frau rum, die überhaupt nicht im Bilde ist, was Sie machen soll. Sie wurde hierher beordert und soll im Rahmen einer Maßnahme bis Ende Mai die ECDL Prüfungen abgelegt haben. Sie hat von Office keine Ahnung und auch weiß Sie nicht wie Sie weiter verfahren soll. Ich nenne Sie fortan das verlorene Schaf. Nachdem wir Ihr erklärt haben, Sie müsse sich wohl Hilfe holen, hatte Sie wohl einige Telefonate geführt Das hatte zur Folge, dass Frau Mertens Sie abholte um weiteres Vorgehen mit Ihr zu besprechen. Was wohl aus Ihr geworden wäre, hätte Sie sich nicht gemeldet. Nicht auszumalen. Den kurzen Nachmittag wieder in der Frankenstraße verbracht. Hier ist alles gewohnt depressiv.

### Der vierte Monat beginnt, der zweiundsechzigste Tag

Dienstag,01.04.2014

Wir sind wie immer pünktlich in der Süderstraße aufgeschlagen und haben mit unseren ECDL Excel Übungen begonnen. Auch erschien Frau Komputowisch bei der verlorenen Seele von gestern und hat Ihr Grundlagen der Software erklärt. Einwahlcodes für die Zeiterfassung hat Sie auch eingerichtet. Den Vormittag haben wir dann weiter mit konzentrierter Arbeit verbracht. Eine ganz andere Welt hier. Sehr still. Habe mir einen Spind geben lassen, damit erspare ich mir das Geschleppe der Unterlagen und des Kopfhörers. Denke drüber nach, kommende Woche die nächste Prüfung abzulegen. Bin noch nicht so sicher wie mit Word, aber hab auch keine Lust mehr auf Excel!! Wieder in der Frankenstraße, ist wieder Verlängerung Thema Nr. 1. Hellen hat Ihre nämlich erhalten. Mich plagen wieder starke Kopfschmerzen, erst mal 2 Paracetamol eingeworfen. In der anderen Gruppe hat Mike angefangen. Er war mit uns gestartet, hatte aber abbrechen müssen da er am Bein Operiert wurde. Drücke Ihm die Daumen das er Erfolg hat. Ansonsten von der neuen Gruppe nicht viel mitbekommen, da sie in den kleinen Schulungs- oder auch Englischraum verfrachtet wurde. Die tun mir auch schon leid. Wie die Luft wohl wird wenn hier der Sommer Einzug hält.

### Der dreiundsechzigste Tag

Mittwoch, 02.04.2014

8:00 Uhr. Jetzt wird es spannend. Die gesamte erste und zweite Gruppe (wir haben jetzt ja drei Gruppen) wird aufgefordert Ihre Sachen zu nehmen, heute ist der 8- platzige Unterrichtsraum unser Zuhause. Da freu ich mich drauf. Denn wir sind jetzt schon 10 Personen. Rein rechnerisch fehlen schon mal 2 Plätze. Wenn man bedenkt, dass die neue Gruppe aus 6 Personen besteht, läge es nahe diesen Plan zu überdenken. Da alle 8 Plätze besetzt sind, verlassen Pam und Vinyl den Raum, unter Protest. Aber, jetzt schlägt die Stunde der Leitung. Frau Rotbach wiederruft den Tagesbefehl, wir zockeln also alle wieder Richtung EDV Raum. Auf dem Flur treffen wir Gruppe drei. Diese zieht natürlich wieder Richtung kleiner Unterrichtsraum. Hat mich alles sehr an 2 Fußballmannschaften erinnert, welche vor dem Spiel aneinander vorbei ziehen um sich zu begrüßen. Wir haben uns allerdings nicht abgeklatscht. Sehr amüsant. Habe beschlossen eine weitere Bewerbung rauszusenden. Bauhaus Nautic. Zumindest die Produkte sind interessant. Neues Bewerbungsschreiben verfasst, und Frau Mertens zur Kontrolle übergeben.

### Der vier und fünfundsechzigste Tag

Donnerstag, 03.04.2014, Freitag 04.04.2014

Da die neue Gruppe begonnen hat, Plaut in Urlaubsplanungen steckt, ist der EDV Unterricht erst einmal in veränderter Form weiterzuführen. Am heutigen Vormittag steht Plaut der neuen Gruppe zur Verfügung. Wir haben mal wieder: FREIES TRAINING. Passt soweit, denn Frau Mertens hat mein Anschreiben Nautic soweit fertig. Wir gehen es nochmals gemeinsam durch und wie immer geht es nach ein paar Korrekturen raus. Soweit so gut. Am Nachmittag erscheint dann Plaut bei unserer Gruppe. Heute machen wir zum letzten mal Excel. Das gefällt mir gut,

habe auch keine Lust mehr. Vielmehr freue ich mich auf Power-Point. Wir machen noch die abschließenden Übungen, dann beenden wir Excel und den Tag.
Spruch des Tages: **Hellen schreibt sich nach oben!** Der heutige Freitag war recht spannend. Plaut braucht noch eine halbe Stunde. Gegen 9:00 Uhr ist er immer noch nicht am Start. Zwischendurch war ich mit Fred im dritten Kaffee trinken. Dann geht es darum, das sich alle erst einmal den USB Stick mit den Power-Point Aufgaben kopieren müssen. Es fällt auf, das auch hierbei einige Probanden überfordert sind. Wir starten mit den PP Aufgaben. Ich hoffe es wird gut.

*Da erscheint plötzlich Frau Wegschau auf der Bildfläche und was macht Sie??? Sie führt eine Person herum und zeigt den Raum. Ihre Lieblingsaufgabe. Das sie sich nicht schämt, dass der Raum immer noch voller alter Pappkartons und alter EDV steht verstehe ich nicht. Sie scheint dem gegenüber völlig schmerzfrei zu sein.*

Und zu unser aller Erstaunen, handelt es sich bei der Person um das verlorene Schaf aus der Süderstraße. Ihr wird die Möglichkeit gegeben an Plauts Unterricht teilzunehmen. Gute Idee nach 2 Wochen. Kurz darauf kommt es zu einem lautstarken Disput zwischen Fred und dem Geist. Sie hat schon wieder was in den falschen Hals bekommen. Völlig egal was man sagt, alles bezieht Sie auf sich. Keine Ahnung woran es liegt, aber auf Dauer geht es ganz schön auf die Nerven. Ich vermeide beispielsweise schon Blickkontakt um ihn ja nicht falsch gedeutet zu bekommen. Ähnliche Züge entwickelt auch Vinyl. Da ich nicht als Therapeut hier bin sondern selber Proband, versuche ich das zu ignorieren. Fred konnte das heute nicht. Es krachte. Als sich dann noch Menderes einklinkt und meint er traue sich nicht Fragen zu stellen, weil er das Gefühl hat er würde uns andere( speziell Fred, Tome und mich) nerven, reicht es. Von Freds und meiner Seite kommen klare und klärende Worte. Wir versuchen seine Eindrücke zu wiederlegen, was uns letzten Endes auch gelingt. Jeder hat hier das gleiche Recht Fragen zu stellen. Ob blöd oder nicht, wer will das schon beurteilen. Ich denke wir haben die Angelegenheit angemessen geklärt. Plaut ist auch wieder da. Aufgrund der unterschiedlichsten Wissensstände hat er Menderes, Vinyl und anderen angeboten die Anfängerkurse bei Ihm erneut zu belegen. Diplomatisch perfekt gelöst.

### Der sechsundsechzigste Tag

Montag,07.04.2014

Bis 12:00 Uhr mittags Süderstraße gelernt. Alles gut soweit. Ab 13:00 Uhr wieder Frankenstraße. Zu unserer Überraschung, sitzt Plaut im EDV Raum. War keine, er hatte es angekündigt. Kollektivalzheimer macht sich auch bei mir bemerkbar. So ist der Nachmittag dann beschäftigungstherapeutisch gerettet, zumal wir 3 beschlossen hatten, uns heute nicht mehr um Bewerbungsthemen zu kümmern. Grund, wir hatten alle drei eine schöne Absage in der Mailbox. Dann die ersten Schritte PowerPoint mit Plaut gemacht. Das gefällt. Wir machen größtenteils Eigenarbeit, Plaut ist die ganze Zeit mit Menderes IKEA Bewerbung beschäftigt. Feierabend.

### Der siebenundsechzigste Tag

Dienstag,08.04.2014

Heute ist Gar nichts passiert. Bis zum Mittag haben wir in der Süderstraße verbracht, den Nachmittag in Eigenarbeit mit Plaut PP. 14:30 entscheidet sich auch Ghost am Unterricht teilzunehmen, mit Fragen von gestern, wie immer.

### Der achtundsechzigste Tag

Mittwoch,09.04.2014

Heute waren wir gruppenweise auf der Jobbörse. Ich hatte mich mit Tome und Hellen für den Morgen entschieden. Hier war jeder frei in seiner Terminwahl. Für mich war nichts dabei. Viele Zeitarbeitsfirmen als Aussteller. Das wird für mich nicht in Frage kommen. Niemals. Des weiteren, waren sehr viele Angebote auf Fortbildungen und Umschulungen ausgerichtet. Da niemand von uns Aussagen zu seiner Zukunft machen kann, können hier auch keine Kontakte geknüpft werden Die meisten von uns wissen ja nicht einmal ob Ihre Maßnahme hier verlängert wird oder wie es überhaupt weiter gehen soll. Als wir zurück in der Frankenstraße sind ist der EDV Raum voll besetzt. Nur Pamelas Platz ist frei, obwohl Sie jetzt an Marens Platz sitzt, welche nachmittags zur Messe ist. Da Pamela seit Wochen Müll an Ihrem Arbeitsplatz ansammelt und diesen nach Feierabend nicht entfernt teile ich Ihr mit, Sie möge den Platz bitte säubern, sonst würde ich das übernehmen. Hier stapeln sich mehrere Teekartons, ein schmutziger Trinkbecher, eine große wochenalte Tüte Nussmischung, eine alte Speisegabel mit Essenresten und Unterlagen. Unter dem Tisch sieht es schon ähnlich aus. Da es sich hier um einen Gemeinschaftsraum handelt in dem es keine festen Plätze gibt, erachte ich Ihr Verhalten eher als ignorant allen anderen Teilnehmern gegenüber. Ihre Ausrede, auf Marens Tisch würden auch Sachen liegen, lasse ich nicht gelten. Ich fordere Sie nochmals auf den Tisch zu räumen oder zu wechseln. Ich würde mich dann an Marens Platz setzen. Nach zehn Minuten ist Ihr Umzug vollzogen und ich sitze an Marens Platz. Außer einer Haribo Tüte welche Sie der Allgemeinheit gestiftet hatte, liegt hier nichts rum. Sie hat es bis heute nicht begriffen.

**Vor der Jobbörse**

## Der neunundsechzigste und siebzigste Tag

Donnerstag, 10.04.2014, Freitag 11.04.2014

Vollversammlung im EDV Raum. Frau Wegschau, Frau Rotbach und Frau Wollent bitten zum Gespräch. Alle sind gespannt was da kommen mag. Vielleicht was wichtiges, was interessantes, aber nein. Nach einer 2 Minuten Ansprache von Frau Wegschau (so lange hab ich Sie noch nie gesehen) wissen wir jetzt alle das am 02.Mai frei ist und es unterschiedliche Urlaubsregelungen der Rentenversicherungen gibt. Das war es. Frau Wegschau ist ein spitzen Entertainer. Dann startet Plaut. Wir haben eine halbe Stunde Zeit, er muss sich vorbereiten. Wir machen weiter mit PP Übungen. Irgendwann kommt auch Pamela und nimmt Ihren Messiplatz in Besitz. Ich ärgere mich, dass Sie nichts kapiert hat. Plaut wiederholt aber nur die Übungen von gestern. Michaela und ich langweilen uns. Vinyl schreibt türkische Briefe und spielt Spiele auf dem Handy. Die wird es nie kapieren.

*Menderes kündigt eine Frage an. Er möchte wissen ob die Katze in der PowerPoint Präsentation grüne Augen hat. Sie hat. Diese Frage hätte selbst ich mit ausgeprägter Rot-Grün-Schwäche sicher beantworten können. Das zum Thema Niveau. Ich stumpfe langsam ab. Das ist gefährlich, ich muss gut aufpassen.*

Der Freitag präsentiert sich kurz und schmerzfrei, nachdem ich zwei Tabletten eingeworfen habe. Wir machen freies Training da Plaut den Vormittag bei der neuen Gruppe verbringt. Am Nachmittag ist er bei uns und präsentiert ein paar Themen aus denen sich jeder eines aussuchen kann. Bis zum 08.05 ist Zeit, hierzu eine PP Präsentation zu gestalten. 10 Seiten Minimum. Ich wähle mir das Königreich Mustang aus. Wochenende. Ich bin völlig platt.

### Der einundsiebzigste Tag

Montag, 14.04.2014

Es ist wieder mal Montag. Start in die Woche mit ECDL Süderstraße. Wie immer pünktlich, aber an pünktlichen Start ist nicht zu denken. Alle Gänge dunkel! Zwanzig nach bekommen wir den EDV Raum geöffnet und loggen uns ein. Dann wollen wir mal. Letzter Testdurchgang vor dem morgigen Excel Test. Große Lust ist nicht mehr vorhanden. Aber auch Frau Komputowisch lässt sich sehen und kündigt sich uns für den kommenden Tag um 8:30 an. Das ist ok, dann kann es ja losgehen. Fred ist etwas verunsichert. Er hat seine Verlängerung von der Rentenversicherung erhalten, allerdings nur 3 Monate. Da wird er wohl mal nachfragen müssen. Das verwirrt mich ebenfalls. Später gab es Klärung. Die Rentenversicherung verlängert nur noch 3 Monate. Eventuell 2 mal . Damit soll natürlich der Druck hochgehalten werden, damit sich die Probanden die nächsten Monate nicht ausruhen. Scheint wohl solche Fälle gegeben zu haben. Ich kann es nachvollziehen, nur dann die Frage: Warum bekommen schlaue und engagierte Leute wie Fred 3 Monate, andere Vollpfosten gleich 6. Wir fragen uns nur, mit welchem Maß wird denn hier gemessen. Mittag ist erreicht und drüben treffe ich noch kurz Plaut um noch offene Excel Fragen zu klären. Außerdem will ich wissen ob die anderen Kollegen jetzt auch ein Thema für die PP Präsentation gewählt haben. Er sagt ja, nur manche sträuben sich wohl diese vorzuführen. Ich frag mich wieder, wenn die nicht mal vor uns, vertrauten Personen ein paar Sätze vortragen können, wie wollen sie dann in der freien Welt klarkommen. Ich hoffe das wird von Seiten der Führung registriert. Frau Mertens war im Raum und hat mit jedem das Gespräch gesucht. Formlos und ok. Das nenne ich mal Präsenz zeigen. Hoffe sie behält es in diesem Stil bei. Dann auch schon wieder Feierabend. Habe beschlossen, zuhause nichts mehr zu lernen. Mir reicht's. Freue mich auf das Montagsspiel 2 Liga.

### Der zweiundsiebzigste Tag

Dienstag,15.04.2014

8:00 und mal wieder pünktlich in der Süderstraße gelandet. Bin gespannt wann Frau Komputowisch erscheint und siehe da, Sie ist super pünktlich. Tome und ich sind bereit! ECDL Test Nummer 2, Excel. Per Knopfdruck starten wir fast zeitgleich unsere Tests. Ich bin etwas angespannt und hoffe auch auf etwas Glück was meine Fragen angeht. Schon zu Beginn geht's los. Frage zwei, keine Ahnung. Ich habe mir zur Sicherheit einen Zettel hingelegt auf welchem ich die Nummern der Fragen notiere, bei denen ich unsicher bin. Dann arbeite ich mich weiter durch die Fragen 36 Fragen in 35 Minuten sind zu beantworten. Und es gibt immer nur eine Antwortmöglichkeit. Weiter geht's. Langsam wird mir klar, dass sich mein Notizzettel füllt. Das gefällt mir nicht. Aber als ich die Fragen durchgearbeitet habe, ist genug Zeit die unsicheren Antworten nochmals durchzugehen. Insgesamt habe ich sechs Fragen bei deren Antwort ich komplett unsicher bin. Rein statistisch gehe ich davon aus, dass nicht alle 6 falsch beantwortet sind. Ich gehe mal von drei aus, im ungünstigsten Fall nehme ich mal 4 an. Formelfragen waren übrigens auch 2 dabei, obwohl jeder, der meinte etwas beitragen zu können: Formelfragen gibt es nicht sagte! Egal. Knopf gedrückt um zum Ende zu gelangen, Abgabeknopf nach genau 28 Minuten aktiviert und mit 88,89% bestanden. Hurra ein Stein fällt mir vom Herzen. Kurz darauf drückt auch Michaela die entscheidende Taste. Hurra auch Sie hat bestanden. Sie erreicht 77%, genau wie bei Word. So soll es sein. Wir sind beide froh das Excel erledigt ist, dann kann es ja mit PowerPoint losgehen. Der Vormittag ist somit erledigt und wir trinken erst einmal in aller Ruhe einen Kaffee zusammen. Nach der Pause wieder rüber in die Frankenstraße. Hier alles wie immer. Das einzige was mich stört ist Hellens kommunistische DKP Broschüre die rumliegt, leider habe ich nicht das recht mich am Eigentum anderer zu vergreifen. Mein Versuch Hellen über die Machenschaften Stalins, Lenins, Maos und der anderen Genossen aufzuklären scheitert an trotzkistischen Bockigkeiten, passend zur Gesinnung. Ich gebe es auf, intern heißt Sie jetzt Rosa.

## Der dreiundsiebzigste Tag

Mittwoch,16.04.2014

8:00 Bewerbungsschreiben Seemannsheim fertig gemacht und Frau Mertens zur Durchsicht hingelegt. Dann habe ich begonnen mich mit der Präsentation für Plauts Unterricht zu beschäftigen. Ich trage erst einmal Informationen allgemeiner Art zusammen. Das macht Freude, das Königreich Mustang weckt mein Interesse. Da ich mich schon früher einmal eingehend mit dem Thema Nepal und Himalaya beschäftigt habe, fällt es mir leicht, bei steigendem Interesse zu arbeiten. Mir fällt heute wieder auf das Hellen(Rosa) von den drei Damen einer Sonderbehandlung unterzogen wird. Ständig bekommt Sie kleine Sonderaufgaben. Jetzt soll Sie an den folgenden Tagen, jeweils 4 Adressen vorweisen, bei denen Sie sich beworben hat. Da haben die Damen aber all ihr pädagogisches Wissen zusammen gekramt. Wird immer lächerlicher mit welchen Methoden hier Pseudohilfe geleistet wird. Die Wahrheit sieht völlig anders aus. Hilfe kommt hier keine mehr. Ich fange an das Projekt jetzt schon als gescheitert zu betrachten. Frau Mertens gibt mir das Anschreiben zurück. Wir sprechen es kurz durch, alles ok und raussenden. Den Nachmittag bin ich dann wieder im Himalaya verschwunden. 15:00 Uhr Feierabend.

*Ach ja, so sieht der EDV Raum am 14.04 immer noch aus. Da freut sich jede angeschlagene Seele mit welcher Fürsorge und menschlicher Wertschätzung man behandelt wird.*

### Der vierundsiebzigste Tag

Donnerstag,16.04.2014

Heute ist ein ganz besonderer Tag. Es ist der Tag auf den Alle hingearbeitet haben. Es ist der Tag vor den Osterferien. Wir erden nach diesem Tag bis zum 23.04. frei haben. Der Herrgott hat seine Pforten geöffnet. Aber erst einmal zu heute. Eine gemeinsame Mittagspause aller Probanden und Pfleger liegt an. Dazu lag eine Liste aus um sich einzutragen und zu vermerken was man beiträgt(für Hellen, natürlich auch Frau). Denke jeder hat seinen Teil dazu beigetragen. Habe Kaffee und Milch mitgebracht. Schön einfach, aber jeder will es haben. Vormittags, natürlich freies Arbeiten für alle. Habe mit Fred PowerPoint Fragen besprochen. Menderes gibt alles und fertigt ein Speisenschild für seinen Mittagsbeitrag an. Das versucht er in PowerPoint. Er scheint vergessen zu haben, dass es mit Word 1000-mal einfacher und schneller geht. Aber Word ist ja auch schon lange her. Vinyl sitzt seit Tagen neben mir und schreibt türkische Briefe oder spielt mit Ihrem Handy. Denke Sie kann machen was Sie will. Hier kümmert sich im Moment keiner mehr. Chantalle ist wieder da und versprüht gute Laune. Dann geht es ans Mittagessen. Platz wird geschaffen, der Schulungsraum hinten und der Flur stehen zur Verfügung. Das passt soweit. In der Küche ist schön aufgefahren. Einige ha-

ben sich wirklich große Mühe gegeben und es sind leckere Sachen dabei. Das Mittagessen verläuft wie geplant, jeder setzt sich zu dem, mit dem er auch sonst gut kann. Wir haben Spaß und lachen, andere nicht, andere so dazwischen. Also keine besonderen Vorkommnisse.
*Was auffällt, Frau Wegschau lässt sich mal wieder nicht blicken, oder ist schon wieder krank oder im Urlaub. Aber die scheint hier eh niemand zu vermissen. Leitungslose Führung. Ich bezweifle das Ihre Existenz überhaupt jedem Probanden bekannt ist.*
Die beste Nachricht des Mittags, Frau Rotbach übernimmt die volle Verantwortung und teilt uns mit, dass wir heute schon um 14:30 Feierabend haben. Das nenne ich mal Führungsqualität in Ihrer schönsten Ausprägung. Kurz vor Feierabend fragt Frau Mertens Michaela, Fred und mich, ob wir ein Problem damit hätten in der kommenden Woche den Donnerstag und Freitag in der Süderstraße zu verbringen. In den Räumen der Frankenstraße findet wohl eine Art Schulung statt und die allgemeine Platznot sorgt für Probleme. Wir nehmen das Angebot gerne an, erstens eine Abwechslung und zweitens kann ich intensiv ins PowerPoint Training einsteigen. Dann um 14:30 Feierabend wie versprochen. Bei allen ist ein wenig Erleichterung zu verspüren. Ein paar freie Tage werden uns gut tun. Und ich melde mich am 24.04.14 wieder zu Wort. **Frohe Ostern!!!**

## Der neunundsiebzigste und achtzigste Tag

Donnerstag und Freitag,24.04.2014 und 25.04.15

Ja ja, da sind wir wieder. Fred, Michaela und ich vereint in der Süderstraße. Der Alltag hat uns wieder und am heutigen Tage kennt die Motivation keine Grenzen. Gut das wir heute unsere Ruhe haben. Gerne wüsste ich natürlich auch, wie es den Probanden in der Frankenstraße geht, aber es wird schon nichts passieren was von großer Wichtigkeit sein könnte. Auch das, ein kleines Zeichen der schleichenden Gleichgültigkeit. Und so muggeln wir gemütlich vor uns hin. ECDL Core, dann mal Moodle und umgekehrt. Pamela taucht auch irgendwann auf und setzt sich dazu. Sie kommt und geht wie immer, wie Sie will halt. Fred lernt Access, wir weiterhin PowerPoint. Der Tag vergeht in aller Ruhe. Schön, dass wir es so geregelt haben. Dieser Freitag geht als entspannt in die Geschichte ein. Fred und ich sind ganz alleine in der Süderstraße und lernen vor uns hin. Da Hellen am Montag ins Krankenhaus muss ist Michaela drüben geblieben um mit Ihr die PP Präsentation für Plaut weiter vorzubereiten. Das Wetter ist schön und in der Pause treffen wir uns am Kanal zu Smalltalk und einem leckeren Kaffee. Das gefällt. Danach geht's noch für 2 Stunden in den EDV Raum Süderstraße und dann ins Wochenende. Das uns entgegen gebrachte Vertrauen bezüglich des eigenständigen Arbeitens und des Zeitmanagements nehmen wir sehr ernst und gehen dem entsprechend gewissenhaft damit um. Habe von mir und auch Fred nichts anderes erwartet.

## Der einundachtzigste Tag

Montag, 28.04.2014

Es ist mal wieder Montag. Ich treffe mich um 8 Uhr wie gewohnt mit Fred in der Süderstraße. Michaela ist wieder drüben geblieben. Macht noch an der PP Präsentation weiter. Hellen geht doch erst morgen ins Krankenhaus und so nutzen Sie die Zeit. Ich hab mir noch gar keine Gedanken gemacht was die anderen Probanden uns denn präsentieren werden. Hoffe was Schönes. Was ich jetzt schon weiß, nicht alle werden sich daran beteiligen. Vinyl kümmert sich weiterhin um Gar nichts. Sie wird weiter komplett in Ruhe gelassen. Ich werde noch herauskriegen warum. Ich selbst habe heute Vormittag zwei Probetestläufe PP gemacht. 96 Fragen und 36 Fragen in 35 Minuten. Läuft! Zur Mittagszeit gehen wir dann in die Frankenstraße. Michaela sehen wir nicht mehr, denn Sie hat ein Vorstellungstermin. Daumendrücken im kleinen Kreise ist angesagt. Mir fällt aber noch etwas auf!! Der EDV Raum wurde aufgeräumt. Die gesamte Unordnung im hinteren Bereich wurde entfernt. Alte Pappkartons, diverse Alt-PCs und leere Kartonagen sind weg. Meine Freude darüber wird gedämpft. Ich war davon ausgegangen, dass endlich erkannt wurde, dass sich in diesem Kartonlager niemand wohl fühlt. Fehlanzeige.

**Eine leidensgerechte Atmosphäre für uns?? Falsch gedacht!! Aufgeräumt wurde hier nur, weil sich die Berufsgenossenschaft angesagt hat. Das ist ein weiteres deutliches Signal zum Thema Wertschätzung der Teilnehmer!!**

Vielleicht bekommen wir ja die Leitung in Person von Frau Wegschau mal wieder zu sehen. Die Chancen hierfür stehen gut, denn es liegt ja wohl wieder eine Führung an. Ihr Spezialgebiet.

### Der zweiundachtzigste Tag

Dienstag,29.04.2014

Ein völlig unspektakulärer Dienstag. Süderstraße weiter gecored. Habe beschlossen spätestens nächste Woche die dritte Prüfung PP zu machen. Fred greift morgen schon an und hat sich zum Access Test angemeldet. So verstreicht der Vormittag. Nach der Pause in der Frankenstraße angekommen, bekomme ich eine SMS von Hellen. Sie muss zum Glück nicht unters Messer, aber erst einmal einen Tag im Krankenhaus bleiben. Neues Hauptthema heute ist die Feuerschutztür direkt vor dem EDV Raum. Diese führt direkt zum Treppenhaus. Also nach unten zum Ausgang und nach oben zum KaffeeauMichaelaten. Jeder benutzt Sie und das hübsche Schild diese verschlossen zu halten wird dezent ignoriert. Aber Frau Wollent scheint es sich zur sportlichen Aufgabe gemacht zu haben, jemanden dabei zu erwischen wie er durch diese Tür entwischt. Vergebens, alle sind schneller. 15 Uhr Feierabend.

### Der dreiundachtzigste Tag

Mittwoch,30.04.2014

Mal wieder einen kompletten Tag in der Frankenstraße. Bin ich gar nicht mehr gewohnt. Viele sind aber auch hier nicht anwesend. Ganz angenehm wenn man sich an die Ruhe in der Süderstraße gewöhnt hat. Michaela, Ivonne, Pam, Silke und ich. Von der anderen Gruppe haben wir bislang recht wenig mitbekommen. Auch der Kontakt zu Mike scheint abgerissen. Klar, die müssen natürlich erst einmal Ihr Einführungsprogramm durchlaufen, bevor Sie dann zu uns, in die, jetzt seht mal selber zu Freiheit, entlassen werden. Ich schreibe im Laufe des Vormittags zwei Bewerbungen. Bin auf zwei interessante Adressen gestoßen. Bodelschwingh Gemeinde Hamburg Winterhude und die Einrichtung HUDE. Beides zum Thema Jugendarbeit. Bewerbungen fertig und rausgesandt. Kollege Fred kommt etwas später. Schlechte Nachricht, er ist durch die Access Prüfung gefallen. Schade, Ihm fehlten tatsächlich nur 2 Punkte. Dadurch lässt er sich aber nicht beirren, dann wird die Prüfung eben zeitnah wiederholt. Richtige Einstellung. Michaela ist mit Ihrem Bewerbungsgespräch nicht so glücklich. Sie könnte zwar anfangen, aber das Profil passt gar nicht. Sie wäre wieder in den Pflegealltag eingebunden und schwere Dinge heben, müsste Sie auch wieder. Frau Rotbach will sich darum kümmern. Morgen ist der 1 Mai. Tag der Arbeit. Den wollen wir dann mal schön genießen. Auch den 2 Mai haben wir frei. Nein Brückentag, der uns natürlich allen recht gelegen kommt. Ach ja, meine Vermutung war gar nicht so falsch, Frau Wegschau ist tatsächlich krank. So Ende aus, bis zum 05.05.

### Der achtundachtzigste Tag

Montag,05.05.2014

Ein ganz kurzer Tag. Irgendwie ist die Stimmung recht gedrückt. Ich glaube langes Wochenende und die Tatsache, dass die freien Tage erst einmal Vergangenheit sind, ist die Ursache hierfür. Was geschieht hier bloß. Keine besonderen Vorkommnisse prägen diesen Tag. Bin gedanklich ganz beim Feierabend. Neues Privatprojekt heißt Tauchschein. Heute Abend geht's das zweite Mal ins Wasser und ich bin gespannt was da so alles auf mich zukommen wird.

### Der neunundachtzigste Tag

Dienstag,06.05.2014

Meine Arbeiten an der PP Präsentation über das buddhistische Königreich Mustang hinterlassen auch bei Fred Ihre Spuren. Wir sitzen wieder in der Süderstraße und ich bin kurz vor der Fertigstellung meiner Präsentation als Fred über sein Karma und seine Reinkarnation spricht. Fred hat eine große Befürchtung, er könne in seinem kommenden Leben als braunes Ei wiedergeboren werden. Dann könne er gar nichts mehr bewegen. Ich tendiere eher dazu als Regenwurm erneut in Erscheinung zu treten.

Fred und ich im Einklang mit Mutter Natur!

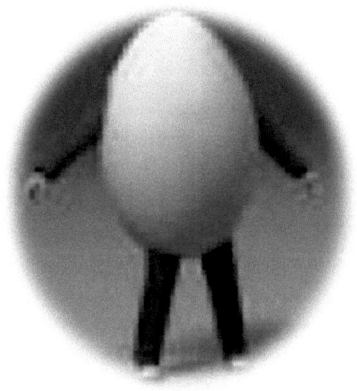

Michaela hat sich erst einmal krank gemeldet. Gute Besserung. Ich bereite mich auf die PP Prüfung morgen vor und habe im Eilverfahren noch ein paar Kurztests absolviert. Dann ist Mittag und wir gehen rüber. Als wir dort ankommen sind alle Plätze im EDV Raum belegt. Gruppe 2 sitzt jetzt mit hier. Zumindest heute. Da Fred und ich die Lage erkennen sprechen wir bei Frau Wollent vor und machen Ihr den Vorschlag wieder rüber zu gehen um weiter zu lernen. Sie hat nichts dagegen und so verabschieden wir uns wieder in die Süderstraße. Dort machen wir dann um 15 Uhr Feierabend.

### Der einundneunzigste Tag

Mittwoch, 07.05.2014

So, dann muss ich die PP Prüfung wohl machen. Ich melde mich gegen halb neun an und lege meine Prüfung mit 83% und bestanden ab. Hätte besser sein können aber die Tests haben halt Ihre eigene Fragestellung. Gegen Mittag dann wieder rüber in die

Frankenstraße. Heute sind die Plätze nicht belegt. Da Plaut morgen wieder da ist, lege ich noch letzte Hand an die Präsentation. Hab auch keine Lust mehr. Da wir nicht wissen wie Plaut weiter verfahren wird, klären wir schon mal ab, das Fred und ich im Falle von Wiederholungen gerne weiter in der Süderstraße arbeiten können. Es besteht ja die Gefahr, das Plaut durch die Wissensdefizite einiger, wie angekündigt nochmal mit den Grundlagen Word und Excel beginnt. Da bin ich dann raus. Abwarten.

### Der zweiundneunzigste Tag

Donnerstag,08.05.2014

Der Tag beginnt beim Arzt. Habe meinen Vorsorgetermin der pünktlich verläuft und so bin ich dann gegen 9:45 Uhr auch schon wieder in der Frankenstraße. Plaut ist da, er kümmert sich aber vorrangig um unsere Pflegefälle damit sie Ihre PP Präsentation einigermaßen hinbekommen. Freue mich schon drauf. Ich lasse Plaut kurz mal in meine reinschauen und alles ok. Gut strukturiert und soweit fertig . Das wollte ich hören. Keine Lust weiter dran zu basteln. Ich habe mich entschlossen als nächstes Modul ECDL die Grundlagen IT anzugehen. Ich glaube damit mache ich es mir erst einmal einfach um die 4 Module voll zu kriegen. Ich hab ja auch keine Ahnung wie lange ich noch hier bin. Die Zeit vergeht ja auch für mich. Keine 2 Monate mehr, und ich bin weg, wenn nicht verlängert wird. Die 6 Wochen in denen wir hier überhaupt nicht arbeiten konnten fehlen mir natürlich auch und bauen Zeitdruck auf. Letzten Endes kann ich hier nichts verlieren, höchstens gewinnen. Da Plaut am Nachmittag wieder bei Gruppe 2 ist, gehen wir wieder rüber. Fred lernt für morgen, Access Anlauf 2 und ich versuche mich mal in Grundlagen. Feierabend. Mir fällt beim schreiben immer mehr auf, das ich schreibe, keine Lust mehr, egal, mir egal, bla bla bla... Das ist leider eine Entwicklung der inneren Haltung die hier jeder langsam an den Tag legt. Wie ein Virus schleicht es sich ein.

**Aber egal...**

### Der dreiundneunzigste Tag

Freitag, 09.05.2014

### TOPKAPITEL!!!

Heute ist wieder Plaut Tag. Wir beginnen pünktlich mit dem Unterricht. Plaut macht Patientenhopping. Er hilft bei der Fertigstellung der noch offenen Präsentationen. Da ich unabhängig von meiner Präsentation noch eine etwas umfangreichere Fragestellung zum Thema Einbindung von Videos in eine Präsentation habe, bittet mich Plaut nach vorne zu sich. Nur hier sind auf seinem Notebook die nötigen Downloads möglich um meine Frage zu beantworten. Dann der Knaller des Tages. Wie aus heiterem Himmel heraus fordert uns Ghost auf unsere Lautstärke zu reduzieren. Außerdem, hätte Sie Probleme mit unserer Stimmlage. Plaut geht tatsächlich sachlich darauf ein und sagt Ihr er würde versuchen sich etwas zu mäßigen. Ich kann es kaum glauben. Die nächsten 2 Minuten versucht Plaut mir weiter zu erklären wie ich verfahren soll. Das geht nicht mehr. Ich werde mir der Situation bewusst, dass der größte Pflegefall der hier teilnimmt, gerade den Dozenten und mich gemaßregelt hat. Dazu noch in einem unangemessen pampigen Ton. Sie scheint den Lehrgang soziale Kompetenzen vollkommen fehlverstanden zu haben. Dieser Versuch geht in die Hose. Es platzt aus mir heraus. Ohne Rücksicht stelle ich Sie lautstark zur Rede ob Sie sich im Klaren darüber sei, welche Anmaßung gerade von Ihr ausgegangen ist. Den Dozenten zu maßregeln! Damit, hatte Sie nicht gerechnet, dass ich das jetzt geklärt haben wollte! Gut, Plaut hält sich komplett heraus. Die Situation als Dozent ist schon schwer genug. Ich mache Ihr deutlich, dass ich hier bin um mir ein Mindestmaß an Nutzen aus der Maßnahme zu holen, bei dem Plaut mir sehr gut helfen kann. Ich werde Ihretwegen weder meine normale Sprachlautstärke noch meine Stimmlage ändern. Das verunsichert Sie dann noch mehr. Verzweifelt dreht Sie sich zur Gruppe um und fragt in den Raum, ob es den Anderen nicht auch so gehe. Leider leider Pech gehabt. Ich sehe von meinem Platz aus allgemeine Verneinungen. Auch werden wieder Personen hinzu gezogen, die nicht anwesend sind. Sie sagt, es störe Sie auch, wenn Plaut Menderes was erklärt, der ja neben Ihr sitzt. Ich verstehe nicht welche Gedanken durch diesen Kopf gehen. Sie benötigt Plauts Hilfe doch mehr als die Meisten. Ich werde zukünftig darauf achten wie Plaut Ihr nonverbal Word erklärt. *Fazit: Revolution fehlgeschlagen.* Erinnert mich an die Landung der Exilkubaner mit CIA-Unterstützung in der Schweinebucht. Nur hier fehlte sogar die CIA.

*3 Person Singular, oder wie man es nicht machen sollte!*

*Dann weise ich Sie noch darauf hin, dass es mir nicht gefällt, das Sie über mich bei Anwesenheit in der dritten Person redet. Ihre Antwort: Ich meine nicht Dich, sondern <u>Ihn</u> und zeigt dabei auf Plaut. Ich kann mich kaum halten.*

Plaut bringt wieder etwas Ruhe ins Gespräch. Nur wie soll man eine Situation lösen, in der ein Patient dem Arzt seine Behandlungsmethoden verbietet. Ich bin sehr gespannt darauf. Aber Plaut bleibt im Sinne der Gruppe keine andere Wahl, als dem Geist nahe zu legen, das die Lösung Ihr Umzug in den Ruheraum bedeutet. Hier bekommt der Name Ruheraum endlich seine Ihm zustehende Wertigkeit. Sie schiebt ab. Plaut und ich können endlich in Ruhe weiter an PP arbeiten. Plaut ist später eine ganze Weile nicht anwesend, denke er hat die Situation vorne im Kontor dargestellt. Was genau dazu besprochen wurde oder wie die Situation dargestellt wurde werden wir nicht erfahren. Sollte ich hierzu noch zu einem Gespräch gebeten werden, ich bin bestens vorbereitet. Aber das Zitat des Tages möchte ich allen interessierten Lesern nicht vorenthalten. Sie sagte überzeugt und bestimmt:

## ZITAT
Ich bin gar nicht psychisch krank, es liegt doch an den Medikamenten, das ich mich nicht konzentrieren kann und deshalb meine Stille brauche!

## Der vierundneunzigste Tag

Montag, 12.05.2014

Den Vormittag verbringen Fred und ich wieder in der Süderstraße und brüten über ECDL. Es gibt keine besonderen Vorkommnisse. Gegen 12 Uhr erfolgt der gewohnte Gang in die Süderstraße. Wir hatten es schon erwartet. Es folgt natürlich ein Gespräch zum Thema Ghost. Frau Rotbach und Frau Mertens bitten uns in den Besprechungsraum. Die Situation hat gleich etwas von einer Anklagebank. Die arme kranke Ghost ist natürlich anwesend. Fred und ich werden gebeten das Geschehen vom Freitag zu schildern. Das habe ich dann mit kurzen Worten auch getan. Leider wieder etwas zu emotional bzw. zu erregt. Es stellt sich sofort heraus, das Ghost auf gestellte Fragen nicht konkret antworten kann und alle relevanten Situationen komischerweise vergessen hat. Sie kann sich weder an Ihre ewigen Wiederholungsfragen erinnern, noch das sie häufig Kollegen ins Gespräch bringt die nicht anwesend sind. Ich tendiere bei Ihrer ständigen, ICH KANN MICH NICHT ERINNERN Leier zu Alzheimer. Oder sind es doch die Medikamente wie Sie ja selbst diagnostiziert hat. Dann Lügt Sie auch frech vor sich hin. Mir reicht's. Ich schreibe Sie als Kollegin ab was ich den Damen auch deutlich mitteile. Da Ghost die Tatsachen komplett verdreht, wie auch Freds Stellungnahme untermauert, wird es hier keinen anständigen Kompromiss geben. Die Lösung heißt, Sie wechselt in die andere Gruppe. Mir irgendwie egal, da ich außer Ihrer Showeinlagen ja nie was von Ihr mitbekommen habe. Woher kommt sonst der Name GHOST? Die ganze Situation beschäftigt mich trotzdem den ganzen Tag. Weshalb soll noch immer eine ganze Gruppe auf eine Einzelperson Rücksicht nehmen. Sogar der Dozent traut sich nicht, hier mal durchzugreifen. Es wird mir auch zukünftig ein Rätsel bleiben. Da Frau Mertens offensichtlich gemerkt hat, dass ich mit der Situation äußerst unzufrieden bin, bietet Sie mir ein Gespräch unter 4 Augen an. Gute Lösung aber nicht heute. Ich verschiebe es aufgrund meiner Wut auf morgen. Ist übermorgen geworden.

### Der fünfundneunzigste Tag

Dienstag,13.05.2014

Heute nichts passiert. ECDL in der Süderstraße , 2 Stunden in der Franken. Hab nicht viel gemacht, die Stimmung war allgemein wie gewohnt gedrückt. Weiter keine Vorkommnisse.

### Der siebenundneunzigste Tag

Mittwoch,14.05.2014

Ich bitte Frau Mertens bezüglich der Unruhe um das noch offene Gespräch unter 4 Augen. Das Gespräch verläuft gut. Ich habe Ihr deutlich gemacht, dass ich diese hinterrücks Aktionen vom Ghost nicht akzeptiere. Aus jedem Büro fliegt man nach 2 Tagen raus. Habe Frau Mertens noch 2 schöne Zitate mitgebracht, von denen bisher nicht die Rede war. Sie ist erstaunt. Positiv kam an, das ich erst mal runtergefahren bin bevor das Gespräch weiter ging. Frau Rotbach fragte mich später ob ich mich nochmal mit Ghost und Ihr unterhalten könne da Ghost sich wohl falsch verstanden gefühlt habe. Ich verneine ganz klar, denn ich hab weder Zeit noch Lust, die geistigen Probleme von Probandin Ghost zu einem Tagefüllenden Programm zu machen. Reicht jetzt schon, was es mich an Zeit und Kraft gekostet hat um mich mit Ihren Eskapaden zu beschäftigen. Der weitere Vormittag verlief ok. Eine neue Dozentin stellte sich vor zum Thema Erstellung eines Bewerbungflyers. Da ich bereits einen vor längerer Zeit erstellt habe, nehme ich nicht am Unterricht teil. Sie macht aber einen kompetenten und sehr sympathischen Eindruck. Macht eine gute Ansprache. Bereite mich noch ein wenig auf mein Vorstellungsgespräch morgen vor, das erscheint mir wichtiger. Feierabend.

### Der achtundneunzigste Tag

Donnerstag,15.05.2014

Pünktlich im Unterrichtsraum stelle ich fest, das Ghost seinen Sitzplatz gewechselt hat. Sie sitzt direkt hinter mir. Was soll das.

Ich bekomme es mit der Angst. Oskar Lafontaine und Frau Streidel schießen mir sofort in den Sinn. Ich muss es verdrängen. Am Ende des Tages habe ich dann zum Glück kein Messer im Hals. Puuhhhh. Der Termin im Seemannsheim verlief klasse, habe von Frau Schmidt eine Zusage für ein 8-wöchiges Praktikum erhalten. Es war ein sehr offenes und freundliches Gespräch. Wir vereinbaren aber erst einmal 4 Wochen, da meine Reha Verlängerung ja bisher kein Thema war. Allerdings signalisiert mir Frau Mertens, dass es hier wohl keine Probleme geben werde. Warum auch. Habe bisher gute Arbeit geleistet. Akquise ok, jeden Monat eine Prüfung abgelegt, zuverlässig und pünktlich. Mehr gibt es da nicht zu sagen.

### Der neunundneunzigste Tag

Freitag,16.05.2014

Wieder 8 Uhr und ich freue mich sehr Chantalle zu entdecken. Sie versprüht sofort gute Laune. Das gefällt mir sehr. Sie hat eine sehr schöne Art. Ihr Praktikum, welches Sie gerade macht gefällt Ihr gut. Plaut erfreut sich wie immer seines Unterrichts, PowerPoint. Ich möchte nächste Woche die Prüfung machen und beschließe die Woche über zwecks Vorbereitung drüben zu verbringen. Das wird auch sofort genehmigt. Ghost drängt darauf, Ihre PP Präsentation endlich zu halten. Da ich nicht vorhabe, unnötig Interesse zu heucheln, bleibe ich nur im Raum weil Plaut darum gebeten hat. Sonst wäre ich gegangen. Ihre Präsentation wird eh ein Flop. Sie braucht schon 25 Minuten bis sie am Start ist. Kaum zu glauben. Ich mache nebenbei einen Test und achte nicht weiter auf Ihren Vortrag. Am Ende stellt Plaut Ihn als gelungenes Beispiel dafür hin, was alles schief gehen kann. Ich habe nichts anderes erwartet. Dann kommt Ivonne an die Reihe und legt mit Ihrer charmanten und geraden Art eine tolle Präsentation zum Thema Australien hin. Gut vorbereitet, kann Sie auch Zwischenfragen, problemlos beantworten. Klasse Ivonne!!

## Der einhundertste Tag

Montag, 19.05.201

Montagmorgen wie jeder. Ich habe meinen Testtermin mit Frau Komputowisch auf Freitag gelegt. Da hab ich noch ausreichend Zeit zum Lernen. Das mache ich auch den Vormittag über. Fred hat sich die Woche über auch eingeblendet. Mittags gehen wir rüber und treffen uns mit Hellen zum Kaffee. Sie hatte wohl ein Gespräch mit Frau Rotbach. Es ging um Fortbildungen. Leider wurde Sie durch Frau Rotbach mit der Realität konfrontiert, allerding auch schön demotiviert. Ihre Aussage:

*Schauen Sie sich doch mal die Statistiken an, Fortbildungen bringen in der Regel nichts!*

### Der einhunderterste Tag

Dienstag,20.05.2014

Wieder ECDL. Wir haben Michaela überredet am Freitag auch Ihre PP Präsentation abzulegen. Sie sagt ja. Fred hatte um 10 Uhr ein Gespräch mit Herrn XXX von der Rentenversicherung. Es ging um Firmeninterne Fortbildungen und Qualifizierungen. Möglichkeiten und Zahlen für 6 Monate und 12 Monate wurden besprochen. Auch ging es um konkrete Zuzahlungen. Fred ist sehr zufrieden mit dem Ergebnis, endlich Fakten mit denen man planen und arbeiten kann. Die Mittagspause in knalliger Sonne verbracht und auch der Feierabend beschert bestes Wetter. Da Fred und ich kommende Woche ins Praktikum gehen ist Michaela etwas sauer (scherz). Bin schon gespannt was das Seemannsheim so bringt, hoffe natürlich vorrangig auf Kontakte die ich bezüglich meiner Berufsplanung knüpfen möchte. Abwarten. Fred geht's genauso, voller Erwartung und vor allem Vorfreude, Wir müssen hier beide dringend mal raus, der Lagerkoller steht kurz bevor. Außerdem muss ich dringend mal unter andere Menschen und andere Gesprächsinhalte finden und nutzen. Da ich ja nebenbei immer fleißig die Stellenanzeigen studiere freue ich mich als ich eine Entdeckung mache. Die DIE SCHULE Schule sucht Personal. Allerdings nur studentische Hilfskräfte! Warum sollte man auch Profis einstellen die sich mit uns beschäftigen. Bei 8,5 Euro Stundenlohn wird man sicherlich was Gutes und Kompetentes finden. Ich kann es kaum glauben. Na ja, ich resigniere bald glaube ich. Die Wertschätzung durch die DIE SCHULE kennt keine Grenzen mehr.

### Der einhundertzweite Tag

Mittwoch,21.05.2014

Die Stellenanzeige ist natürlich Gesprächsthema. Wer wird sich da wohl vorstellen. Studentische Hilfskraft klingt ja leider wieder nach Jungvolk. Ich glaube, es wäre sehr sinnvoll, hier mal jemanden einzusetzen der über etwas mehr Lebenserfahrung verfügt. Könnte mir vorstellen das es gut ankäme wenn mir jemand was über Bewerbungsgespräche erzählt, der selber schon einige geführt hat und nicht direkt von der Schulbank kommt. Tschuldigung Frau Wollent, ich kann Sie leider aber nicht so wirklich ernst nehmen. Aber ich bin guter Dinge, Sie werden reifen! Werde den Test auf Donnerstag vorverlegen. Sollte ich durchfallen kann ich diese Woche noch wiederholen. Glaube zwar nicht dran aber sicher ist sicher. Fred und ich werden doch erst mal IT Grundlagen machen. Michaela PP. Feierabend und das Wetter ist super.

### Der einhundertdritte Tag

Donnerstag,22.05.2014

Ganz allein im ECDL Raum. Fred hat einen Termin beim Amt. Komme mit Kathleen (externe Nutzerin eines Arbeitsplatzes) ins Gespräch. Sie sitzt auch schon seit Tagen hier herum und ECDLt vor sich hin. Fred kommt recht zufrieden zurück. Auch beim Amt werden Ihm Möglichkeiten in Aussicht gestellt. Gut so, er scheint eine kompetente Sachbearbeiterin zu haben. Ich hoffe, sollte ich wieder beim Amt landen, das ich nicht wieder an Herrn Tomczak gerate. Bitte nicht! Gegen 14 Uhr mache ich meine Prüfung Grundlagen. Bestanden mit 88 Prozent. Hätte durchaus mehr sein können, aber auch hier stellt sich das Übungsprogramm wieder komplett anders dar als die Prüfung. Damit hab ich mein ECDL Grundpaket zusammen. Als Beispiel, auf der kommenden Seite das mir ausgehändigte Zertifikat, mit dem sich meine Chancen bei einer Bewerbung und meine Berufschancenallgemein laut Aussage von DLGI beträchtlich erhöhen sollen. Auch hier bin ich wieder sehr gespannt wie sich Theorie und Praxis miteinander vertragen werden. Nach Beendigung der Maßnahme hat mir der Sachbearbeiter beim Jobcenter alle Hoffnungen genommen. Das hat doch keinen Wert bei Bewerbungen, kennt doch eh keiner. So seine Zerstörende Aussage. Aber irgendwie hatte ich mir das auch schon gedacht.

hat die folgenden Module bestanden:
has successfully completed the following modules:

| Modul/Module | Software Version | Datum/Date |
|---|---|---|
| Textverarbeitung / Word Processing | Word 2010 / Word 2010 | 17.03.2014 |
| Tabellenkalkulation / Spreadsheets | Excel 2010 / Excel 2010 | 15.04.2014 |
| Präsentationen / Presentation | PowerPoint 2010 / PowerPoint 2010 | 07.05.2014 |
| Grundlagen der Informationstechnologie (IT/ICT) / Concepts of Information and Communication Technology (ICT) | IT Grundlagen / Basic Concepts of ICT | 22.05.2014 |

### Der einhundertvierte Tag

Freitag, 23.05.2014

Dieser Tag erwähnt es, nicht erwähnt zu werden. Es passiert gar nichts und ich versuche mir einen Plan zu machen wie ich ECDL mäßig weiter verfahre oder das Projekt jetzt beende. Ist auch irgendwie die Luft raus, denn Dienstag gehe ich ins Praktikum. Fred schon Montag. Einziges Ziel das wir noch haben, ist die PP Prüfung von Michaela die Sie heute absolviert. Wir schauen zu und Sie besteht mit über 90 Prozent. Gut gemacht Michaela!!!!

### Der einhundertfünfte Tag

Montag, 26.05.2014

Pünktlich wieder in der Süderstraße. Es macht keinen Sinn was neues anzufangen. Bin innerlich schon mit Planungen für morgen beschäftigt. Der Vormittag vergeht. Langweilig ohne Fred.
Kathleen plant Ihre Prüfungen auf Freitag zu legen da ich meinen Präsenztag auf freitags legen werde.Sie hofft natürlich das ich Ihr etwas helfen werde. Das geht klar. Mittagspause verbringe ich mit Michaela und Hellen am Kanal. Wetter ist super. Melde mich nach der Pause bei Frau Mertens zu kurzem Gespräch.
Schließtage kann ich mit dem Heim selber klären. Ich denke auch das ist klar. Ich verabschiede mich noch von Menderes. Sein zähes Ringen um eine Stelle bei Ikea soll von Erfolg gekrönt worden sein. Er hat allerdings die Offerte, sollte es nicht klappen, kann er gerne wieder hier auflaufen. Hellen geht erst einmal in Urlaub, da sie bei einer anderen Rentenversicherung ist. Dann

noch etwas Papierkrieg wie Zahlschein vordatieren und ab geht die wilde Fahrt ins Praktikum.........

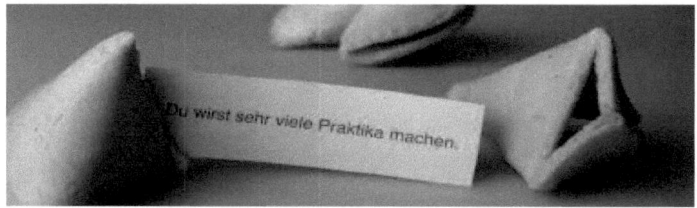

### Der einhundertsechste Tag

Dienstag, 27.05.2014

# PRAKTIKUM

Es ist endlich soweit. Erst einmal raus aus der DIE SCHULE Schule. Das hab ich mir verdient, absagen habe ich ja genug gekriegt. Vereinbarungsgemäß bin ich um 9:00 Uhr pünktlich vor Ort und werde gleich an die Rezeption weitergeleitet. Hier sitzt mein zukünftiger Kollege ‚Tom welcher meine Einarbeitung übernehmen wird. Ich stelle fest, alle duzen sich. Auch lerne ich Fritz, die rechte Hand von Frau Schmidt kennen. Die Hotelsoftware mit der hier gearbeitet wird heißt HS-3. Sagt mir erst einmal gar nichts, aber ich soll Sie in der kommenden Zeit ausreichend kennen lernen. Tom macht einen sehr netten Eindruck und scheint seine Aufgabe des Einarbeitens ernst zu nehmen. Gut so, dann lerne ich wenigstens was. Er lässt mich gleich an den Arbeitsplatz und erst einmal ein paar Übungsbuchungen machen. Na dann. Ans Telefon lässt er mich auch gleich gehen. Kein Problem nach jahrelanger Vertriebsarbeit. Ob das ein Test war weiß ich nicht, aber warum nicht. Introvertierte haben hier nichts verloren, das wird sich noch zeigen. Es prasselt erst einmal viel Neues auf mich ein, Touris, Seeleute, Agenturen, Telefon, Buchungen, mit und ohne MwSt. etc. Das ist anstrengend aber ich schlage mich so gut es geht. Die Zeit vergeht rasend schnell. Mittagessen! Tom und ich begeben uns in die Kantine. Diese ist auch externen zugänglich und wird gut genutzt. Lerne beim Essen weitere Kollegen kennen. Hausmeister Ralf, Diakonin Maike und Büro Klaus. Ja die nennen sich wirklich so. Nach dem Essen noch ein kurzes Gespräch mit Frau Schmidt zum Thema Verlängerung, Schließzeiten und Dienstplan. Ich komme gleich voll mit rein, Frühdienste und Bar. Das freut mich sehr, dass ich nicht nur auf'm Deckel mitlaufe sondern eingeplant bin. Viele neue Eindrücke und gegen 14:30 habe ich meinen ersten Feierabend im Seemannsheim.

### Der einhundertsiebte Tag

Mittwoch, 28.05.2014

6:30 Uhr und ich habe Frühdienst mit dem Kollegen Tom. Tom ist seit 4 Jahren hier, wurde vom BfW übernommen. Wir starten den Morgen. Er sagt er hat noch nichts gemacht, ich soll gleich von Anfang an sehen wie der Tag so läuft. In meinem Sinne. So verbringen wir den Tag mit Schulung für mich. Tom lässt mich alles machen, schaut mir dabei gründlichst auf die Finger. Offen sichtlich habe ich einen sehr gründlichen Lehrer erhalten. HRS Hotelportal, Agenturnamen, HS 3 Hotelsoftware, Seeleute keine MwSt., Zusatzleistungen buchen usw. So sieht erst mal mein Tagesablauf aus. Frau Schmidt spricht mich an. Sie hatte wohl ein Gespräch mit der Diakonin gehabt. Diese möchte aus Zeitgründen keine Veranstaltungen mehr planen. Sie fragt mich ob ich Lust hätte hier mitzuwirken. Klar meine Antwort, das interessiert mich als alter Straßenfest-Organisator genau das richtige. Leider habe ich darüber nie wieder etwas gehört. Dann erhalte ich auch den endgültigen Dienstplan ausgehändigt. Ab Dienstag soll ich schon alleine Frühschichten schieben. Was das wohl wird? Aber ich werde alles geben. Mittagessen ist wieder sehr gut. Das freut mich und ich hoffe das Niveau bleibt so. Zum Feierabend ernte ich noch ein Lob von Tom, das ich aber gerne zurückgebe. Er ist ein guter Lehrer.

### Der einhundertelfte Tag

Montag, 02.06.2014

Pünktlich zur Einarbeitung vor-Ort. Tom ist noch nicht da aber den Vorbereitungslauf starte ich schon mal. Als er kommt, läuft der Rechner, die Kasse ist gezählt und Kaffee läuft auch schon. Herz, was willst Du mehr? Weiter geht es den ganzen Tag über mit Einweisungen durch Tom. Heute ist eine Menge los, selbst Tom stöhnt rum. Das geht den ganzen Tag so. Check aus, check ein. Immer das gleiche. Telefon steht auch nicht still. Rechnungen schreiben, kassieren, Stornobuchungen etc. Heute raucht mir gewaltig der Kopf. Aber der Tag ging auch rum, 14 Uhr kommt die Ablösung und gegen 14:15 raus an die frische Luft.

### Der einhundertzwölfte Tag

Dienstag, 03.06.2014

Erste Schicht alleine! Ich glaube ich habe etwas Glück. Es ist nicht ganz so viel los. Das sagen zumindest die Ab- und Anreiselisten. Die meisten Anreisen liegen sowieso in der Spätschicht, von der habe ich noch keine im Dienstplan. Mein Kollege Friedrich hat sehr freundlich alles für mich vorbereitet. Auch der Putzplan ist schon fertig. Sogar ein Zettel mit guten Wünschen für den ersten Tag liegt auf dem Schreibtisch. Super. Der Tag verläuft zu meiner Zufriedenheit. Ich denke, ich kriege alles soweit hin. Ab 8:00 Uhr ist ja auch Fritz da, den ich jederzeit ansprechen kann. Ich habe nie das Gefühl irgendwie zu stören. Zum Feierabend habe ich 49 Cent zu viel in der Kasse. Damit kann ich gut leben. Großes Lob von Fritz für meinen ersten Tag erhalten.

### Der einhundertdreizehnte Tag

Mittwoch,04.06.2014

Normaler Tag der ruhig verläuft. Hatte ich auch so erwartet denn ich hatte mir gestern schon mal die Listen für heute angesehen. Nicht viel dazu gekommen. Wenn ich morgens ankomme, sitzt immer einer der Kollegen aus der Nachtwache rum und es gibt eine kurze Einweisung. Kann ja immer mal spontan jemand angereist sein oder irgendwer ist nicht angereist. Das muss ich dann natürlich in der Frühschicht alles buchen, da die Nachtwachen nicht an den PC dürfen. Enrico macht auch nicht den Eindruck als ob das was für Ihn wäre. Trotzdem, netter alter Seemann. Dann löst mich die Kollegin Maas ab, somit die letzte im Team die ich kennen lerne. Sehr gut, auch nett mit ner schönen Klappe.

### Der einhundertvierzehnte Tag

Donnerstag,05.06.2014

Heute etwas mehr Aufkommen. Es stehen schon immer Handwerker vorm Tresen die Kaffee haben wollen. Müssen halt warten wenn keiner fertig ist. Viele Ab- und Anreisen. Der Tag vergeht aber wie erwartet. Ich habe das Gefühl, das sich schon eine Art Routine einspielt. Nur die Preise hab ich noch nicht drauf. Zu viele Sonderabsprachen. Stammdaten im System sind miserabel gepflegt. Adressen werden immer wieder neu reingehackt. Das gefällt mir gar nicht. Tom löst mich pünktlich ab. Übergabe ok und bekomme dank für meinen Einsatz in der ersten Woche.

### Der einhundertfünfzehnte Tag

Freitag,06.06.2014

Präsenztag. Die Maßnahme ergreift sofort wieder Besitz von mir. Grausames Gefühl. Außer mir ist erst einmal nur dieser komische 3-Notebook Typ in der Süderstraße. Aus der neuen Gruppe. Ich nenne Ihn Bibo. Ich mag Ihn nicht. Etwas großkotzig wie er gleich rumerzählt hat das er alles schon kann und ECDL ja schon drauf hat. Na dann wollen wir mal abwarten. Gegen 9 Uhr kommt zum Glück Kathleen und heitert die ganze Sache etwas auf. Wir gehen erst mal einen Kaffee trinken. Sie sagt Sie hätte auch keine große Lust mehr auf die ECDL Story. Ich verspreche Ihr am kommenden Freitag anwesend zu sein und Ihr bei Ihrer Excel Prüfung zu helfen. Sie soll sich eine Anmeldung für 12 Uhr geben lassen, dann können wir in der Mittagspause loslegen. Vormittag rum. Bin kurz nach 13:00 Uhr drüben und führe gleich mein Gespräch mit Frau Mertens. Das Gespräch mit Ihr verläuft angenehm und positiv. Ich könnte schon fast produktiv sagen. Sie erkundigt sich noch nach meiner Taucherprüfung die ich nebenbei absolviert habe und so kommt auch mal etwas Privates zum Gespräch. Allerdings bin ich froh erst mal wieder ins Seemannsheim zu können. Hier gefällt´s mir nicht. Ghost sitzt wieder schweigend rum, Tom ist krank, Silke kurz angebunden. Hurra als es endlich 15 Uhr ist.

### Der einhundertsechzehnte Tag

Dienstag,10.06.2014

Beginne meine Frühschicht wie schon fast gewohnt. Ein ruhiger Morgen soweit. Wenig ein und aus Buchungen. Allerdings bemerke ich, dass es in der Küche noch dunkel ist. Das darf nicht sein denn die ersten Gäste, obwohl heute wenig Frühstücker, könnten gleich vor der Tür stehen. Ich versuche erst einmal zu klären wer Küchendienst hat und wen ich anrufen kann. Das bekomme ich aber nicht heraus. Also greife ich kurz vor 7 zum Hörer und rufe Fritz an. Er sagt ich kann erst mal nichts machen. Dann kurz nach 7 erscheint der junge Koch und sagt er hätte verpennt. Da bei mir gerade nichts los ist helfe ich Ihm natürlich sofort sein Buffet aufzubauen. Das klappt, wir kriegen es weitestgehend hin fertig zu sein, als der erste Gast erscheint. Gut gelaufen. Der weitere Tag verläuft normal. Bei Fragen steht mir Fritz jederzeit zur Seite. Fritz betreibt erst mal Bindung an den Arbeitsplatz. Es schenkt mir ein schickes Poloshirt Marke Seemannsheim. Ich werde es in Ehren halten. Mittag wieder sehr lecker und Tom löst mich pünktlich ab.

### Der einhundertsiebzehnte Tag

Mittwoch,11.06.2014

OHH Schreck, der Server lässt sich nicht starten. Nix geht, auch das Internet funktioniert nicht. Das kann mich nicht mehr schrecken. Wochenlange Grenzerfahrungen im Hause DIE SCHULE haben mich hart gemacht. Ich werde versuchen zu improvisieren. Nach mehrfachen Neustarts und Tests gebe ich kurz Fritz bescheid. Der muss sich mit dem EDV-Mann kurzschließen, da der Server irgendwo steht, bloß nicht hier. Abreisen notiere ich mir erst einmal auf einem Zettel. Alles halb so wild. Gegen 7:30 geht der Server wieder und ich starte die benötigten Programme. Kassenbuch, HS3. Putzplan, Küchenplan und Access Listen laufen. Ich erwische den Mann mit der Müllmannjacke dabei wie er sich fröhlich mit seinen Dreckfingern Wurst vom Büffet nimmt. Igitt, eine gut gekleidete Touristin steht direkt daneben. Meldung erstattet, das geht nicht. Reichlich Abreisen heute. Das Reinigungspersonal ist begeistert. WM Tippzettel wurden verteilt. Sehr schön, hier gibt es also auch ein Spielchen. Gegen 14 Uhr Ablöse. Alles wird gut.

### Der einhundertachtzehnte Tag

Donnerstag,12.06.2014

Beginne wie gewohnt. Angenehmer, ruhiger Beginn. Ein paar frühe Abreisen, sonst nichts Besonderes. Habe im Laufe des Vormittags ein Gespräch mit Frau Schmidt. Sie ist an einer Verlängerung meines Praktikums interessiert. Warum auch nicht. Wir planen erst einmal eine Verlängerung um 14 Tage. Das würde bedeuten ich gehe direkt nach dem Praktikum in die Schließzeiten und hätte 14 Tage frei. Passt! Ich spreche bezüglich meiner zukünftigen Planungen Ihre Kontakte an und bin etwas enttäuscht, als Sie mir sagt, diese wären gar nicht so umfangreich. Sie könne sich aber mal umhören. Auch schildert Sie mir die Personallage, das eine Kollegin wohl aufhören wird, kommendes Jahr und das es dann wohl für mich interessant werden könne. Warum auch nicht. Wir verbleiben erst einmal so, ich werde die Verlängerung morgen in der Schule ansprechen. Am Nachmittag ist Personalversammlung. Ich werde dazu gebeten. Das finde ich sehr höflich. Inhaltlich geht es um Kleinigkeiten, Papiere, Telefonkarten etc. Danach mache ich noch kurz Übergabe an Tom und schon ist wieder eine Woche im Seemannsheim Vergangenheit. Hier ein kleines Beispiel wie Zimmer aussehen wenn ein Seemann sein Zimmer nicht ordnungsgemäß verlassen hat. Hierbei handelt es sich ganz klar um eine seltene Ausnahme und die Person hat sofort Hausverbot erhalten. Das gesamte Heim befindet sich in einem sehr sauberen und ordentlichen Zustand!

### Der einhundertneunzehnte Tag

Freitag,13.06.2014

Es ist mal wieder DIE SCHULE Tag. Zum Glück ist Fred wieder gesund und ich habe jemanden mit dem ich mich vernünftig unterhalten kann. Sonst ist erst einmal wieder nur dieser komische Notebook Heini da. Er heißt Thilo habe ich in Erfahrung gebracht. Erst einmal anständiger Klönschnack bei einem Kaffee. Mich interessiert natürlich auch brennend was hier so los ist. Gegen 9 Uhr kommt Kathleen und plant wie vergangene Woche ab 12 Uhr Ihre Prüfung zu machen. Ich wäre bereit Ihr zu helfen. Experimentiere dann bei ECDL rum und überprüfe die mir noch zur Verfügung stehenden Module. Frau Komputowisch ist auch vor Ort und wir sprechen kurt drüber. Dann Kaffee mit Herrn Lottemann. Heute ist Klönschnacktag. Muss auch mal sein. Wieder am PC höre ich plötzlich einen Hilferuf von Kathleen aus der letzten Reihe. Sie hat schon frühzeitig Ihren Test gestartet und merkt jetzt, dass Sie keine Ahnung hat. Ihr Hilferuf kommt aber zu spät. Ihre Zeit ist fast abgelaufen und da kann ich auch nichts mehr retten. Durchgefallen mit 63 Prozent. Ich bin etwas enttäuscht, wir hatten was anderes vereinbart. Bin sicher, ich hätte Sie da durchgebracht. Die andere Kollegin knallt auch durch. Beide sind mega-enttäuscht und fragen ob ich kommenden Freitag einen erneuten Versuch mit Ihnen wagen würde. Hatten Sie Angst? Schauen wir mal. Gegen 13 Uhr wieder ein recht angenehmes Gespräch mit Frau Mertens geführt. Eigentlich hatte ich weiter nichts zu sagen aber dann hat`s doch knapp eine Stunde gedauert. Verlängerung Praktikum durch, Reha auch. Sagt Sie. 3 Monate Verlängerung erhalten. Bin wieder Froh im Praktikum zu sein. Frau Mertens plant übernächste Woche nen Besuch. Da Sie nicht so richtig im Thema Moodle und ECDL drinnen ist, biete ich Ihr an, am kommenden Freitag eine pers. Einweisung zu geben. Das nimmt Sie dankend an und wir verbleiben bis kommenden Freitagvormittag. Geänderte Verträge hab ich auch gleich erhalten. Chantalle ist wieder da, Praktikum beendet. Menderes meldet sich regelmäßig von der Ikea Front bei Ivonne. Mitte Juli ist Ihre Reha dann endgültig beendet. Sonst herrscht hier Ruhe im Stall. Außer das Michaela von Tom, einem Probanden aus Gruppe 2 angebaggert wird, dieser wiederum Silke störenderweise immer auf die Titten glotzt. So wurde es mir geschildert. Kaum ist man aus dem Haus…

### Der einhundertzwanzigste Tag

Montag,16.06.2014

06:30 starte ich in die Frühschicht. Ein entspannter Montag wie sich mir sofort zeigt. Kaum Ab-und Anreisen. Das gefällt mir gut. Die normalen Tagesvorbereitungen erledige ich mittlerweile schnell und präzise. Softwarecheck der Zimmerbelegungen, Reinigungsplan erstellen für die Putzdamen, Küchenzettel für die Köche usw. Läuft. Bin wie immer bis 08:00 Uhr alleine. Dann erscheint Fritz. Kurzer Smalltalk und weiter geht's. Gegen 09:00 Uhr stellt sich mir ein junges Mädchen vor. Jette. Sie ist Schülerpraktikantin und wird mir an die Seite gesetzt. Das kann ja ein Spaß werden. Der Praktikant hat eine Praktikantin. Entspannt, es ist geplant das Sie 3 Stunden am Tag da ist. So ändern sich die Zeiten. Bei mir in der 10 Klasse gab's noch 7 Stunden abzuleisten. Ich hab seinerzeit ein Praktikum in einer KFZ Werkstatt gemacht, Alpha Romeo Spezi. Der hat mir auch gleich eine Lehrstelle angeboten aber zu der Zeit hatte ich andere Pläne. Schade, wäre vielleicht auch ein guter Weg gewesen. Der Rest des Tages vergeht wie im Fluge. Bin nach acht Stunden nicht halb so alle wie nach 3 Stunden DIE SCHULE.

### Der einhunderteinundzwanzigste Tag

Dienstag,17.06.2014

Heute ist mal ein anderer Ablauf geplant. Da ich ja versuchen will möglichst noch einige andere Einblicke in das Seemannsheim zu bekommen, werde ich haute die Bar eröffnen. Das bedeutet für mich den Dienstbeginn gegen 17:00 Uhr. Bin gespannt was passiert. Leider haben sich meine Erwartungen auf einen unterhaltsamen Abend nicht richtig erfüllt. Gegen 17 Uhr setzen sich Klaus und Australien Günther zu mir an den Tresen. Wenigstens etwas. Günther ist schon recht vorgeglüht und versucht natürlich erst mal abzuchecken wer denn da als neuer hinterm Tresen steht. Läuft aber ganz entspannt. Wirklich interessantes ist aus beiden nicht heraus zu holen. Großes Glück, das nebenbei der Fernseher flimmert. Ein paar Bierchen gehen noch an andere Gäste raus. Aber ansonsten, ein Flop. Die Bar, die immer nur sporadisch geöffnet wird findet keinen Anklang. Schräg gegenüber haben die Jungs Ihre Stammkneipe in die Sie sich zurückziehen. Viele der Asiaten und schwarzen Seeleute hocken eh nur auf Ihren Zimmern rum. Der Alkoholkonsum hält sich hier in Grenzen, hatte es etwas anders erwartet. Gegen 22:00 Uhr beende ich meine erste Schicht als Barmann im Seemannsheim. 30 Euro Umsatz. Das war wohl nichts. Nächsten Dienstag werde ich es nochmal versuchen.

Ergebnis:
**Ich habe heute Abend viel über die große Weltpolitik gelernt, viel wichtiger aber, ich weiß jetzt, was Seeleute abends alleine auf Ihrem Zimmer so alles anstellen IGITTTT**

## Der einhundertzweiundzwanzigste Tag

Mittwoch,18.06.2014

Ganzer Tag Rezeption ohne großes Abenteuer. Wie auch, hier gibt es natürlich auch seinen alltäglichen Trott. Passiert halt nicht immer was Spannendes. Heute sind viele Buchungen zu machen. Außerdem lerne ich wie man Rechnungen storniert, neue schreibt, Rechnungen ausbucht. Das ist Neuland für mich. Während meiner bisherigen kaufmännischen Laufbahn hätte man mir den Hals umgedreht, hätte ich irgendwo in der Buchhaltung rumgestochert. Hier mache ich es einfach. Zu meiner Absicherung notiere ich mir allerdings alle Abläufe um später eventuelle Fehler besser reproduzieren zu können. Zu meinem Entsetzen unterläuft mir noch ein fetter Patzer. Ich will eine Zimmerbuchung stornieren, bemerke allerdings nicht, dass dahinter eine komplette Gruppenbuchung steckt. Schwups ist der Bildschirm leer uns alles weg. Ein Aufschrei meinerseits weckt alle anderen im Hause. Zum Glück existiert die Buchung als Mail und ich kann sofort damit beginnen die komplette Buchung neu einzugeben. Es ist wenig Trost für mich das Fritz seinen Spaß hat und mir zu erklären versucht, das diesen Fehler jeder bereits gemacht hat. Ich werde ihn nicht wieder machen.

## Der einhundertdreiundzwanzigste Tag

Donnerstag,19.06.2014

Heute ist ein besonderer Tag im Seemannsheim. Heute Abend ist Mittsommerfest. Dieses findet jährlich statt mit einem gemeinsamen Grillabend. Aber erst einmal ein normaler Arbeitstag. Und der gestaltet sich hektisch. Viele Abreisen, viele Anreisen, ständig klingelt das Telefon. Dazwischen Anreisen ohne Reservierung. Stehen dann halt plötzlich vor der Rezeption. Normal. Dann um

11:00 Uhr Gruppenanreise. Die Zimmer sind allerdings erst ab 14:00 Uhr beziehbar. Also alle Mann hinter mir her in die Kapelle. Hier sammle ich erst einmal das gesamte Gepäck der Anreisenden. Es handelt sich um eine 20 köpfige Gruppe von Militärgeistlichen. Interessantes Thema. Als alle vertröstet sind das sie erst später in die Zimmer können kommt schon die nächste Gruppe. Gleiches Prozedere. Ich versuche nebenbei heraus zu bekommen welche Zimmer schon gereinigt sind und welche nicht. Das macht aber keinen Sinn. Also abwarten. Gegen 13 Uhr bekomme ich das OK von den Damen. Die Räume sind sauber. Ich beginne die Gruppen einzuchecken. Es entsteht so etwas wie Urlaubsathmosphäre. Die Reisebusse haben Ihre Ladung abgekippt und die Massen drängeln sich an der Rezeption mit der Panik im Blick kein Zimmer mehr zu kriegen. Hier kriegt jeder eines. Gegen 14 Uhr hab ich die Gruppen durch. Pünktlich zum Schichtwechsel. Else freut sich enorm, die Arbeit hab ich Ihr abgenommen. Checkin ist Aufgabe der Spätschicht. Ausnahmen bestätigen die Regel. Bevor dann das abendliche Fest steigt, will ich nochmal nach Hause fahren. Vielleicht noch ein Stündchen schlafen. Frühschicht fordert Ihren Tribut. Das klappt leider überhaupt nicht und so mache ich mich gegen 17:00 Uhr wieder auf den Weg zum Fest. Hier ist leider fast gar nichts los. Wetter ist auch mies. Außerdem muss ich leider feststellen, dass vom Personal kaum jemand anwesend ist. Wie ich mir später erklären lasse ist es unter der gesamten Crew dann doch wohl nicht ganz so familiär wie mir beschrieben wurde. Habe leider entgegen meiner Erwartung kaum Gesprächspartner, also englische Verabschiedung nach 2 Stunden.

### Der einhundertvierundzwanzigste Tag

Freitag,20.06.2014

Heuet ist DIE SCHULE Tag und ich habe mich kurzerhand entschlossen mal in die Frankenstraße zu gehen. Michaela hat sich gemeldet, Plaut will heute mit Outlook beginnen. Hurra endlich was neues. Außerdem kann ich da vielleicht noch ein Modul dranhängen. Ich muss allerdings gleich feststellen, es hat sich auch hier nichts geändert. Plaut ist nicht pünktlich am Start. Gegen 09:10 sagt er, es sei endlich soweit. Wir können mit Outlook beginnen. Aber dann OHHH SCHRECK, Plaut stellt fest das auf den Rechnern ja Outlook 2007 und nicht 2010 installiert ist. Wie kann das bloß sein. Also neuer Plan. Alle Probanden wackeln wie die Lemminge ins Büro und schnappen sich erst mal ein Notebook. Hier ist Outlook 2010 installiert. Es ist 09:30 und noch nichts passiert. Anwesend sind heute Hellen, Michaela, Ivonne, Mike, Tom, Silke, Ghost und eine mit langen Haaren und Brille. Den Namen hab ich nie erfahren obwohl Sie auch weiterhin als Proband teilnahm. Meine Unterlagen zwecks Verlängerung meines Praktikums bis zum 11.07.2014 hab ich abgegeben. Die Stimmung ist allgemein wieder gedrückt. Freudige Gesichter sucht man hier leider vergebens. 09:40. Der Beamer wird angeworfen. Wir starten das Experiment Outlook 2010 tatsächlich noch am heutigen Tage. 10:00 Uhr, Frühstückspause. Bisher tatsächliche Arbeitszeit ca. 5 Minuten. Hellen arbeitet danach an meinem Platz mit. Auf Ihrem Rechner ist auch eine falsche Software installiert. Ich werde gerade an die Anfangsmonate erinnert, in denen gar nichts lief. Hoffe es bleibt nicht so. Dann der größte Knaller des Tages. Anstatt mit uns jetzt gemeinsam Outlook Einführung zu machen, gibt Plaut die neue Parole aus. Eigenarbeit. Er gibt uns 7 Kapitel zu lesen. So vergeht die Zeit auch. Was er in der Zwischenzeit getrieben hat weiß ich nicht. Die studentische Aushilfskraft läuft mir über den Weg. Stellt sich nicht vor. Leider wieder ein kleines junges Mädchen, weit entfernt von Erfahrung und Kompetenz. Geschweige denn Selbstsicherheit. Leider wieder kein Ansprechpartner für alte erfahrene Probanden mit zig Jahren Berufserfahrung aller Richtungen.

### Der einhundertfünfundzwanzigste Tag

Montag,23.06.2014

Frühschicht so wie ich sie mir wünsche. Die Bauarbeiter, welche jeden Morgen Punkt 06:30 vor der Tür standen und Kaffee einforderten sind weg. Wird wieder ein schön ruhiger Tag. Gegen 09:00 Uhr erscheint auch Jette wieder. Meine Praktikantin. Nettes

Mädchen, aber ich habe nicht so recht was zu tun für Sie. Fritz fällt auch nichts ein. So plaudern wir ein wenig über Gott und die Welt. Interessant was sich heutzutage alles in der Schule geändert hat. Eigentlich alles, wie ich dank Jettes freundlicher Redseligkeit erfahre. Nach drei Stunden ist Sie aber auch schon wieder weg und bis Mittag passiert nichts mehr. Hab noch ein nettes Gespräch mit Fritz, er erkundigt sich nach meinem Befinden und meinen Zukunftsplanungen. So vergeht auch dieser Tag. Tom meine Ablösung erscheint pünktlich und ich verabschiede mich in den Feierabend.

### Der einhundertsechsundzwanzigste Tag

Dienstag,24.06.2014

Es ist mal wieder Bartag. Hoffe ja, dass heute etwas mehr los ist als vergangene Woche. Aber leider nicht. Die gleichen Gestalten wie am vergangenen Dienstag nehmen Platz. Zwei, drei andere Nasen gesellen sich dazu. Meine Rettung ist allerding die Weltmeisterschaft. Also Kiste an und laufen lassen. Und schon haben alle Beteiligten einen kleinsten gemeinsamen Nenner gefunden. Läuft! Allerdings am Umsatz ändert das gar nichts. Ich nutze die Ebbe in der Bar um mir die Abläufe des Spätdienstes anzusehen. Der kommt ja kommende Woche auch auf mich zu. Abendessen Vorbereitung und Ausgabe für die Gäste, welche Abendessen gebucht haben. Kücheneinsatz am Konvektomaten usw. Dann wieder zurück an die Bar. Hier geht heute ja noch weniger als vergangene Woche. Umsatz irgendwas mit 18 Euro. Ich schließe die Bar gegen 21:00 Uhr. Feierabend. Ich gebe das Projekt Bar auf.

### Der einhundertsiebenundzwanzigste Tag

Mittwoch,25.06.2014

Frühdienst kommt wieder mit allen Regelmäßigkeiten auf mich zu. Allerdings komme ich mir gerade so vor, als sei ich gar nicht weg gewesen. Komisch, wie das wohl kommt. Der Tag vergeht ganz normal ohne besondere Vorkommnisse. Meine Praktikantin und ich haben wieder einen gemütlichen Smalltalk. Sie hat wohl ein kleines Projekt übernommen. Befragung von Seeleuten zum

Thema Glück, oder besser, was bedeutet Glück. Bin gespannt was dabei so rauskommt. Weiter ist heute nichts passiert was mir in Erinnerung hätte bleiben müssen. Hotelaltag sozusagen. Bin auf den morgigen Tag gespannt, wir planen ab Mittag einen Betriebsausflug. Ich hoffe ja, dass ein paar mehr Kollegen dabei sein werden als beim Grillfest. Aber ich bekomme am Rande mit wie einige Kollegen von Frau Schmidt shanghait werden. Dazu zählt auch Buchhaltungskollege Ümet. Netter, junger Bursche, mit gutem Humor. Also sicher, dass ich ein paar Gesprächspartner haben werde.

### Der einhundertachtundzwanzigste Tag

Donnerstag,26.06.2014

06:30 beginnt die Frühschicht. Ruhig, aber das soll sich ganz schnell ändern. Es hagelt Reservierungen, vor allem per mail von den Agenturen. Leider auch eine Absage einer schicken Gruppenreservierung, welche ich kürzlich mühevoll mit allen Namen etc. angelegt hatte. Da heute Betriebsausflug ist, muss ich alles bis um 12:00 Uhr vorbereitet haben. Freundlicherweise hat das Seemannsheim für den Nachmittag den alten Zivi reanimiert, welcher die Schicht übernimmt damit Tom und ich am Ausflug teilnehmen können. Ausflug ist übrigens nur für Angestellte, nicht öffentlich für die Seeleute. Sowas hat es aber auch schon gegeben. Kurzer Übergabestress an den Zivi, Kassenübergabe etc. und tatsächlich startet der Betriebsausflug pünktlich um 12:00 Uhr nach Bergedorf. Nur nicht mit der Bahn. Es geht erst einmal in einer Gruppe von ca. 15 Personen zu Fuß in den Hafen. Personal ist anwesend, auch haben sich 3 Personen vom Vorstand eingeblendet. Atmosphäre freundlich und entspannt, Wetter allerbest. Im Hafen liegt ein Schiff von der Bergedorfer Schifffahrtslinie, dessen Personal uns in Empfang nimmt. Unter Deck sind Tische reserviert, aber bei dem Wetter zieht es alle nach oben. Völlig zwanglos setzt sich jeder wohin er will. So schätze ich es. Sitze mit Tom, Fritz und Else ganz vorne. Los geht es, erst durch den Hamburger Hafen. Über die Elbe und die Dove-Elbe gleitet das Schiff an Wiesen, Feldern und Gewächshäusern entlang durch die Vier- und Marschlande. Hier wachsen Hamburgs Vitamine. Vorbei an dem Wassersport-Zentrum Hamburgs und dem Eichbaumsee geht es Richtung Bergedorf zum Serrahn, dem früheren Industriehafen im Osten Hamburgs.

Dauer der Fahrt ca. 3,5 Stunden, Sonnenbrand inklusive. Nach lecker Kaffee und Kuchen legen wir dann zu meinem Erstaunen direkt im Zentrum Bergedorfs neben dem Einkaufszentrum und dem Bahnhof an. Genauso zwanglos wie alles begann endet es auch. Alle sausen mit der Bahn nach Hause. Es ist Fußballabend. Deutschland besiegt die Amis mit 1:0. Was für ein schöner Tag

### Der einhundertneunundzwanzigste Tag

Freitag, 27.06.2014

08:00 Uhr pünktlich in der DIE SCHULE Schule. Dagegen startet Plaut mal wieder etwas später. 09:20 geht's los. Davor hängen alle wieder nur rum. Interessiert hier mittlerweile niemanden mehr, ob etwas geboten wird, oder auch nicht. Qualität auch völlig egal. Hingegen, mein Sonnenbrand vom Vortag schmerzt, hurra ich lebe noch. Irgendwann starten wir wieder mit Outlook. Ach ja, da fällt mir ein. Gestern Abend hatte ich Post von der Rentenversicherung erhalten. Es geht um die Verlängerung meiner Maßnahme. Die habe ich dann auch erhalten. Genau um eine Woche bis zum Ende meines Praktikums. Das kann ja wohl nicht sein. Verlängerung war mir von Frau Mertens schon zugesagt worden für 3 Monate. Dem entsprechend ist auch Sie überrascht als ich Ihr die Kopie des Schreibens übergebe. Ich schildere Ihr klar meine weitere Vorgehensweise. Sollte sich diese Verlängerung bestätigen, sofortiger Abbruch des Praktikums und Klärung meiner privaten Angelegenheiten wie Arbeitsamt etc. Ich bekomme Existenzängste durch solche Nachrichten. Sie will sofort klären was Sache ist. Leider ist Herr XXX von der DRV gerade im Urlaub. Nach kurzem hin und her hat Sie dann Frau Braun von der DRV erreicht, welche Einsicht in meine Akten genommen hat. Antrag ist gestellt und auch bewilligt für weitere 6 Monate. Fehler der DRV Berlin welche wohl das Ende des Praktikums mit dem Ende der Maßnahme gleichgesetzt hat. Kann passieren. Panik zurück! Kenne hier einige Probanden die durch so etwas 'nen Zusammenbruch erlitten hätten. Frau Mertens gibt mir Ihr Wort. Hat sich dann auch alles bestätigt.

### Der einhundertdreißigste Tag

Montag,30..06.2014

Laut Dienstplan des Seemannsheimes habe ich heute frei. Jawohl. Da ich allerdings die Anwesenheitsliste für die Endgeldzahlung brauche fahre ich kurz ins Seemannsheim und lasse mir die Liste von Frau Schmidt unterschreiben. Dann wieder ab aufs Sofa. Gegen 14 Uhr bin ich nochmal zu DIE SCHULE meinen Zahlschein abholen. Sonst gibt's kein Geld. Morgen wieder Frühschicht und gegen 11 Uhr hat sich Frau Mertens zum Gespräch angekündigt. Freue mich schon drauf in Erfahrung zu bringen wie die *Pädagogin* das wohl angehen wird.

### Der einhunderteinunddreißigste Tag

Dienstag,01.07.2014

Schock beim Ankommen. Ich finde die Ab- und Anreiseliste wie gewohnt vor. Die druckt immer die Spätschicht für die Frühschicht aus damit man gleich starteten kann. Aber diese Liste ist riesig. Bis ich es begreife vergehen ein paar Minuten. Wir haben Monatsanfang. Das bedeutet alle Stammgäste reisen heute ab und checken natürlich auch gleich wieder ein. Miete wird fällig. Ich entspanne schlagartig. Das ist eine Sache von einer guten halben Stunde Arbeit. Erledigt. Danach drucke ich mir die Listen erneut aus und schon ist die Situation eine ganz andere. Normaler Ab- und Anreisetag. 11:00 Uhr und Frau Mertens steht in der Tür. Bin gerade im Gespräch mit 2 Russen die wegen Ihrer Zimmer etwas Stress machen. Dann bitten Frau Schmidt und ich Frau Mertens zum Gespräch. Das ganze dauert keine halbe Stunde. Außer guter Bewertungen kann Frau Mertens hier nicht viel ernten. Schade dass Ihr Auftritt mit so einem merkwürdigen Fragebogen geführt wurde. Das machte keinen so professionellen Eindruck. Ich würde es bleiben lassen. Die paar Fragen kann man auch im lockeren Gespräch mit einfließen lassen und sich danach seine Notizen machen. Außerdem stellte Sie sich als meine pädagogische Betreuerin vor. Warum sagt Sie nicht gleich Bewährungshelferin. Garnicht so schlecht die Idee. Das alles erntete im Nachherein natürlich großes Gelächter bei den Kollegen. Titelgeilheit kann es nicht gewesen sein, dafür ist er zu mickrig. Bis zur Ablösung läuft dann alles wie gewohnt. Gegen 14 Uhr kommt Anton und löst mich ab. Lerne Ihn auch neu kennen, er macht seine letzten Tage als FSJ'ler. Ich hatte die ganze Zeit seine Urlaubsvertretung gemacht. Netter Typ, wie alle hier. Und Feierabend

### Der einhundertzweiunddreißigste Tag

Mittwoch,02.07.2014

Heute ein völlig entspannter Tag. Es gibt kaum etwas zu berichten. Tut auch mal ganz gut nicht die ganze Zeit am Telefon zu hängen. Thema Nummer eins ist sowieso die ganze Zeit die Fußball Weltmeisterschaft. Bei unserer Fußballwette bin ich leider abgeschlagen. Alfred, ein alter Seemann liegt vorne und es sieht so aus als würde er das Geld einsacken. Mist. Zur Ablösung kommt wieder Anton. Das läuft hier übrigens ganz klasse. Die Ablösungen kommen immer 'nen Tick früher, Zeit für eine entspannte Übergabe und ein paar Worte bleibt immer. Das gefällt.

### Der einhundertdreiunddreißigste Tag

Donnerstag,03.07.2014

Die Frühschichten die ich zu schieben habe nähern sich dem Ende. Alles wird gut. Ich bin leider ein Früharbeiter und gesteigerte Lust auf die kommenden 2 Wochen Spätschicht habe ich nicht. Zudem alle sagen es sei nichts los. Sie bringen sich Bücher mit, spielen mit den Seeleuten Billard etc. Meine Leistungskurve liegt am Vormittag bis Mittag. Werde also gespannt sein. Aber die heutige Frühschicht vergeht wie die anderen auch. Alles gut. Jeder kriegt sein Zimmer, wer nicht freiwillig geht wird von mir rausgeholt. So ist es. Gestern und heute war die Hauptaufgabe Miete kassieren damit wieder Geld in die Kasse kommt. Bestimmt 40 Zimmer sind Langzeit vermietet. Seemann zahlt 340 Euro im Monat Miete. Tag vergeht. Je routinierter man wird, desto mehr Zeit hat man dann zur Verfügung. Ist immer so. Aber bei der Kollegialen Atmosphäre hier, störe ich schon fast mit meiner Frage ob ich irgendetwas helfen kann. Ein freundliches, lies doch erst mal Zeitung nimmt mir dann gerne mal die Anspannung. Ansonsten steht Anton wieder pünktlich im Raum. Ach ich vergesse immer die Praktikantin. Jette ist natürlich vormittags auch immer anwesend. Sie hilft wo sie kann und ist dann genauso schnell verschwunden wie sie morgens auftaucht ist. Ich hoffe Sie verinnerlicht, es hier gut getroffen zu haben und verplappert sich nicht bei Ihrem Lehrer. Ich glaube nicht, dass er etwas davon weiß, dass sie hier nur für 3 Stunden aufschlägt. Also Jette, Reden ist Silber, Schweigen ist Gold. Das wird Dich Dein ganzes Leben begleiten.

## Der einhundertvierunddreißigste Tag

Freitag, 04.07.2014

Es ist mal wieder Freitag und da Plaut krank ist, bin ich mal wieder in der Süderstraße. Aber hier kann ich zurzeit nicht glücklich werden. Da ich die Prüfungen die mich noch interessieren ( Bildbearbeitung und Projektmanagement ) hier nicht machen kann. Werde mal Frau Komputowisch ansprechen ob da was machbar ist. Ich spiele so rum und versuche mich mit den noch angebotenen Modulen zu beschäftigen. Aber es ist nichts dabei. Gegen Mittag wandere ich dann wieder rüber in die Frankenstraße. Fred kommt auch dazu und so ist es mit der depressiven Stimmung die hier vorherrscht nicht ganz so schlimm. Wenigstens einen vernünftigen Menschen zum Sprechen. Ein Gespräch wegen des Praktikums führe ich im gegenseitigen Einvernehmen mit Frau Mertens nicht. Sie war ja erst vor kurzem da, da hat sich das erledigt. Aber leider hat sich auch hier in der Frankenstraße nichts gebessert. Alle hängen ab, schweigen vor sich hin und auf jedem Monitor versucht ein jeder sich so gut es geht mit sich selber zu beschäftigen. Jobakquise betreibt hier keiner. Spiele, Amazon und Ebay sind tagesfüllend.

Es ist nicht zum Aushalten hier. Kriege langsam Angst da mir klar wird, so wird sich hier nichts ändern.

## Der einhundertfünfunddreißigste Tag

Montag, 07.07.2014

Frei nach Dienstplan( Danke Frau Schmidt )

## Der einhundertsechsunddreißigste Tag

Dienstag, 08.07.2014

Das Praktikum läuft weiter. Bin nicht geneigt zu sagen, dass mich irgendetwas stört. Heute kommt es zu meiner ersten Spätschicht.

Bin gespannt wie es denn so wird. Pünktlich um kurz vor 14:00 Uhr erscheine ich zur Ablösung. Anton ist mein Vorarbeiter. Im Laufe der Tage habe ich festgestellt, dass Anton in einer Arbeitsweise weit von dem entfernt ist, was Tom mir so vermittelt hat. Allerdings gilt Tom, mein Einarbeiter als sehr pingelig. Das finde ich gut und hab's auch so übernommen. Kurz gesagt, Anton ist schon auf`m Sprung als er mich sieht und ich übernehme den Dienst. Dieser stellt sich komplett anders dar als die Frühschicht. Check-outs gibt es nicht mehr. Abreise war bis 11:00 Uhr. Dafür hat man die Check-ins. Hier ist wiederum Sorgfalt geboten. Persönliche Daten etc. Aber auch das lässt sich machen. Gruppen Check ins kann man vorbereiten, einzelne macht man nebenbei. Anton hat vergessen die Mails abzuarbeiten, das wird die kommenden Tage zu Regel. Macht man dann halt nachmittags mit. Gegen 15-16 Uhr ist man dann für den Rest des Tages bis 22:00 Uhr auf sich alleine gestellt. Die Nachtschicht übernimmt dann Enrico, ein Bewohner des Hauses. Er gibt Spätkommern Ihre Schlüssel. Was noch zum Spätdienst dazu gehört ist die Zubereitung und Ausgabe des Abendessens für die Hotelgäste. Der Konvektomat wird so weit von der Küche vorbereitet. Heute sind es müde 3 Gäste und die Küche hat eine kalte Platte vorbereitet. Gegen 17 Uhr alles eingedeckt und um 17:30 waren die Gäste weg. Nebenbei ein paar Telefonate erledigt. Gäste eingecheckt usw. Vielmehr ist heute nicht passiert. Abends macht man dann vorm Feierabend noch die Kassenabrechnung via Z-Bon. Dann das gesamte Kassenbuch für den Tag. Bargeldeinnahmen kommen dann in den Tresor. Reich wird hier keiner. Dann druckt man neue An und Abreiselisten für die Frühschicht aus. Zuletzt eine Belegungsliste mit allen Personen welche sich im Hause befinden. Dies ist wichtig zur Übergabe an die Feuerwehr im Brandfall. Klar, die Feuerwehr muss wissen, wie viele Personen sich im Haus befinden und wo. Dann noch schnell eine Übersicht aller nicht belegten Zimmer für die Nachtschicht. Kann ja sein das nachts noch jemand vor der Tür steht. Dann kriegt er nur den Schlüssel und die admin-Tätigkeiten holt die Frühschicht nach. Ich hoffe soweit alles erklärt. Kurz vor 22:00 Uhr taucht Enrico auf. Kurzes Übergabeschwätzchen und Feierabend.

### Der einhundertsiebenunddreißigste Tag

Mittwoch, 09.07.2014

Gleiches Prozedere wie am Vortag. Die Nachmittagsschicht ist relativ strukturiert was den Ablauf angeht. Wesentlich mehr Action ist am Vormittag. Nur Anton hat wieder vergessen Mails zu beantworten. Heute habe ich über 20 Abendessen. Das lasse ich Antonio machen. Ist Spanier und lebt seit kurzem hier im Haus. Soll dem Hausmeister zur Hand gehen da er erst einmal auf lau wohnt. Also Hand gegen Unterkunft. Er übernimmt gerne. Enrico hab ich mit 'nem Kaffee und 'nem Franzbrötchen bestochen den Dienst schon ab 21:00 Uhr zu übernehmen. (Mit Fritz vorab geklärt) So bin ich gegen 21:30 schön zum Fußball auf'm Sofa

### Der einhundertsiebenunddreißigste Tag

Donnerstag, 10.07.2014

Letzter Tag im Praktikum. Verläuft genauso reibungslos wie alle anderen. Spätschicht ist wieder nicht mein Ding. Das ist mir klar. Über 20 Abendessen aber der spanische Kollege hilft wieder. Auch Enrico brauche ich wegen des Fussballs weiter nicht zu bestechen. Hat gereicht, er löst mich gegen 21:00 ab. Das wars!

### Der einhundertachtunddreißigste Tag

Freitag, 11.07.2014

Leider DIE SCHULE Präsenztag. Eigentlich letzter Praktikumstag. Verabschiedung haben wir alle gestern schon gemacht. Bleiben in Kontakt. Wochenende kann ich gerne mal Vertretungen übernehmen. Zeugnis folgt. Bei DIE SCHULE wieder die gleiche depressive Stimmung wie immer. Aber alle sind guter Dinge. Die Schließtage retten uns über den Tag. Gegen halb 3 lässt Frau Wollent uns ziehen. Nix weiter passiert.

SCHLIEßTAGE bis einschließlich 25.07.2014

**MONTAG der 28.07.2014**

8:00 Uhr, es geht wieder los. Nach Praktikum und Schließzeiten hat DIE SCHULE mich wieder. Gespannt bin ich natürlich darauf wie es für mich denn weitergehen wird. Gedanken dazu hab ich mir natürlich gemacht, dazu später. Ich merke allerdings sofort, dass die Aussicht hier jetzt wieder neu zu beginnen mich extrem nach unten zieht. Die Umgebung und die meisten Personen nehmen keinen positiven Einfluss auf mich. Die Perspektive, hier jetzt wieder Wochenlang in einen zu kleinen EDV Raum gepfercht zu werden macht mir Angst. Großartige Fortschritte erwarte ich von Seiten der Schule nicht. Aber mal abwarten. Suizidgedanken machen sich noch keine breit, hingegen spiele ich schon mit dem Gedanken meinen Psychiater erneut zu kontaktieren. Obwohl ich Motivation aus der positiven Praktikumserfahrung und den freien Tagen mitgebracht habe, ist diese relativ schnell verpufft. Das Zeugnis des Seemannsheimes habe ich bereits erhalten. Top Bewertung die natürlich auch bei den „pädagogischen Betreuern" gut ankommt. Dazu beigetragen haben Sie nichts. Kollegin Maren ist entgegen Ihrer Ankündigung nicht anwesend. Irgendetwas mit Ihrer Verlängerung hat nicht hingehauen. Sie kommt erst wieder wenn Sie Ihre Zusage schriftlich hat. Fred und ich sind in Erwartungshaltung hinsichtlich der zukünftigen Unterstützung die uns gegeben werden soll. Zuverlässigkeit, Pünktlichkeit, Konstanz und Belastbarkeit haben wir doch jetzt bewiesen! Was kommt nun? Wir warten mal ab. Mittagspause, nette Unterbrechung. Bin wieder voll im Trott. Kaputt nach ein paar Stunden des Nichts tun`s. So Kopfkaputt war ich nach 8 Stunden Rezeption irgendwie nie. Feierabend!

**Dienstag der 29.07.2014**

08:00 Uhr, es ist verdammt warm. Wir sitzen zu fünft rum. Silke, Michaela ,Fred, Andres und ich. Vinyl ist glaub ich auch da. Schlechte Stimmung. Fred ist in großer Kampflaune. Verzweiflung und Hilflosigkeit in verbaler Königsklasse. Das schließt lückenlos an die Stimmung von gestern an. Trotz guter Vorsätze leichte Depressionen. Haben leider schlechte Nachricht von Maren. Hat eine SMS gesandt, das Sie erst mal nicht wieder kommt. Verdacht auf Burn-out. **Burn out in einer Maßnahme zur Wiedereingliederung ins Arbeitsleben.** Danke sehr psychologisches und pädagogisches Fachpersonal. Ich weiß momentan auch nicht weiter. Es zieht sich hin. Dann bittet mich Frau Mertens zum Gespräch. Freue mich auf Resonanz. Dann die einleitende Frage von Frau Mertens, was ich jetzt weiter so vorhabe. Ich erkläre erst einmal meine Situation. Nach sechsmonatiger erfolgreicher Teilnahme am Projekt der DIE SCHULE Schule, sprich: Über sechs Monate jeden Tag pünktlich und zuverlässig erschienen. An fast allen Angeboten teilgenommen. Abgesehen von den Projekten wie SKT. Ausreichend in einem vorherigen Artikel beschrieben. Muskelentspannung und Atemübungen zählten auch nicht zu den Prioritäten, welche ich mir hinsichtlich meiner Zukunft steckte. Ich habe einwandfreie Bewerbungsunterlagen erstellt. Flyer beispielsweise in Eigenarbeit erstellt, da gab es die Dame zum Thema Flyer noch nicht. Akquise Liste geführt. Diverse breit gefächerte Bewerbungen auf feste Stellen und vorrangig auf ein Praktikum rausgesandt. Ich habe binnen 6 Monaten meine ECDL Prüfungen abgelegt, wobei zu bedenken ist das uns knapp 2 Monate keine Arbeitsplätze zur Verfügung standen. Hierfür hab ich auch gerne mal zu Hause ein wenig gelernt. Meine Frau fand es bescheuert. Dann habe ich ein einwandfreies Praktikum hingelegt mit einem super Zeugnis abgeschlossen. Zuverlässigkeit, Fleiß und Belastbarkeit habe ich bewiesen. **Dann habe ich mir das Recht herausgenommen, Frau Mertens zu fragen, was denn jetzt DIE SCHULE gedenkt für mich zu tun??** Die Antwort ist so ernüchternd wie erwartet. Die Möglichkeiten von DIE SCHULE sind soweit ausgeschöpft. Hilfe kann mir bei der Stellensuche geboten werden. Aber das kenne ich doch irgendwo her. Jemand sucht mir Adressen raus und ich soll mich bewerben. Das ist genau die gleiche Leistung die ein Sachbearbeiter beim Arbeitsamt macht. Nichts weiter. Also Geld für Weiterbildungsmaßnahmen hat DIE SCHULE nicht zu bieten. Nein, falsch formuliert, DIE SCHULE hat keine Maßnahmen und bietet GARNICHTS! Ansprechpartner für alles Weitere, ist für mich die Rentenversicherung. Was kann die Rentenversicherung für mich tun? Das wäre dann wirklich mit Herrn XXX zu klären. Qualifikationen? Das hat Fred schon versucht und wochenlang nichts zu hören bekommen. Wir verbleiben erst einmal bis Freitag, Frau Mertens wird sich was überlegen. Allerdings ist Sie ab Montag für 14 Tage im Urlaub. Bin gespannt auf Freitag!! Der Tag war wenig hilfreich.

**Ich bin total enttäuscht und in der Realität angekommen!**

**Mittwoch der 30.07.2014**

Wir haben wieder einen öden Tag erwischt. Alle Anwesenden versinken weiterhin in Trübsal. Blasen wäre zu anstrengend. Alle dödeln wieder vor sich hin. Fred hat noch immer kein Gespräch erhalten. Wie war es denn so im Praktikum. Wie geht es denn weiter. Wie geht es Ihm?? Das gefällt Ihm nicht. Er wird sich darum kümmern einen Termin zu erhalten. Michaela hat nachmittags einen Arzttermin. Das ist irgendwie auch schon alles was hier so passiert. Ach nee, Frau Wollent hat sich bei Michaela gemeldet und Ihr verkündet, das intern umstrukturiert wird. Sie sei jetzt für ihre psychologische Betreuung verantwortlich. Na, viel Spaß Michaela. Aber das wird alles noch seine Konsequenzen haben. Fred und ich grübeln was wir noch so machen können. Trauriger Tag.

**Donnerstag 31.07.2014**

Fred hat, nachdem niemand auf Ihn zukam, um ein Gespräch bezüglich der zukünftigen Vorgehensweise seine Person betreffend gebeten. Fred erreicht in seinem Gespräch nicht mehr als ich in meinem Letzten. Kern der Aussage, es gibt nichts mehr was DIE SCHULE für Ihn tun kann. Geld ist nicht da (das haben wir nicht erwartet) Schulung, Fortbildung oder Qualifikation im Hause Fehlanzeige. Klare Ansage durch Frau Mertens! Außerdem will Fred ja nur in großen Unternehmen arbeiten und auch noch Geld verdienen. Das wird Ihm verbal vorgehalten. Hat er nie so geäußert. Mal schauen wann auch er Kaffeesäcke schleppen soll. Ach nee, geht ja nicht, sein Rücken. Andere Angebote gibt es nicht. Das ist eine saubere Klärung der Fronten, woraufhin ich mein Gespräch am Freitag ausrichten werde. Dann der nächste Vorfall. Michaela war kurz im Gespräch und kommt mit einer Broschüre die Ihr ausgehändigt wurde zurück. Es geht um Depressionen usw. Man legt Ihr nahe sich an einen Arzt zu wenden und schickt Sie für den Rest des Tages nach Hause. Freitag soll Sie zum Doktor gehen. Das ist natürlich der Hammer.

Binnen kürzester Zeit landen 2 Teilnehmer dieser Maßnahme beim Arzt. Maren, Ihr wird ein Burn-Out diagnostiziert und Mürthe wird mit Anzeichen auf Depressionen nach Hause geschickt. Gibt es hierüber auch eine Erfolgsquote meine Damen?

Das sollte uns wirklich zu denken geben. Der Rest des Tages wie immer. Jeder eiert vor sich hin. Die meisten Teilnehmer beklagen sich, das Ihnen schon nicht einmal mehr einfällt, wo Sie so rumsurfen könnten. Dann beschäftigen Sie sich lieber mit Ihren Handys. Vom Personal lässt sich mal wieder keiner blicken.

**Freitag der 01.08.2014**

## TOPTAG!!

08:00 Uhr und wie immer pünktlich. Axel ( neuer Kollege Gruppe 3 ) ist mal wieder anwesend. Präsenztag. Er ist auch ein glorreiches Beispiel dafür, wie man den Verein hier verarschen kann. Er macht gerade ein Praktikum bei einem Kollegen von Ihm. Vereinskollege auch in der Freizeit. Versicherungen verkaufen. Das bedeutet, das er natürlich viel im „ AUSSENDIENST " ist. Das ist natürlich totaler Quatsch. Axel macht sich erst mal 'nen faulen Lenz, sprich Urlaub. Dafür hilft er seinem Kollegen in der freien Zeit im Garten, oder Gartenhäuschenbau, so hab ich es verstanden. Er verarscht hier alle und die Damen nehmen Ihm die Show auch noch ab. Na ja, geht mich nichts an, vielleicht bin ich auch nur etwas neidisch. Das Folgepraktikum hat er auch schon eingereicht. Natürlich bei 'nem Kollegen. Entweder sind hier alle völlig blind oder es wird so hingenommen. Versäumen tut er hier sowieso nichts. Was wollen sie einem gestandenen Mann hier noch erzählen, der auf die Rente zugeht. Bis Mittag wie immer. Jobbörsen abgeklappert, nichts gefunden. Mittagspause bei gutem Wetter. Nach der Mittagspause habe ich dann mein Folgegespräch mit Frau Mertens. Sie hat sich wirklich Mühe gegeben. Sie hat unser Gespräch vorbereitet und sogar an der Wand im Besprechungsraum kleine Zettelchen angepinnt. Auch ein paar Ideen hat Sie mitgebracht, mit denen ich etwas anfangen kann, zumindest sind die Ansätze und Richtungen für mich weitestgehend ok. Was mir nicht zusagt wird ausgesondert, im gegenseitigen

Einvernehmen. Grundsätzlicher Inhalt des Gespräches ist allerdings auch hier die zukünftige Vorgehensweise. Ich fasse noch einmal zusammen, dass Frau Mertens mir und Fred gegenüber klar definiert hat das DIE SCHULE hinsichtlich der Hilfe und Möglichkeiten alles ausgeschöpft hat. Damit muss ich leben und es bleibt mich nichts anderes übrig als diesen Status Quo hinzunehmen. Deutlich mache ich Frau Mertens meinen Standpunkt klar, dass auch ich hiermit mein Leistungshoch erreicht hätte. Da mir außer Unterstützung beim Sichten von Stellenangeboten keine weitere Hilfe zukommen wird, betone ich, das meine Zukunft hier so aussieht: Stellenangebote kann ich weitestgehend selber raussuchen, für gute Ideen bin ich dankbar, aber man solle mich mit schwachsinnigen Stellen und Praktikumsangeboten in Ruhe lassen. Das wird soweit von Frau Mertens auch angenommen. Mehr kann Sie mir eh nicht anbieten. Das kommt allerdings, wie schon gesagt, der Tätigkeit eines schlechten Sachbearbeiters beim Jobcenter sehr nahe. Dann habe ich noch darum geben, sollte ich auch in die personelle Umstrukturierung mit einbezogen werden, mich von Frau Wollent zu verschonen. Das hat in keiner Weise etwas mit zwischenmenschlichen Problemen zu tun. Es liegt an Ihrem Alter und zeitweise kindlichen Auftreten. Da kann ich leider keine gemeinsame Gesprächsebene finden. Außerdem habe ich klar gemacht, sollte ich psychologische Betreuung brauchen, stehen Mitarbeiter der DIE SCHULE Schule nicht zur Debatte. Abschließend kommt von Frau Mertens die etwas unsicher klingende Frage, wie wir denn zukünftig miteinander zusammen arbeiten wollen? Ich mache weiter wie bisher, wenn ich Hilfe brauche sag ich was, ansonsten werde ich weitestgehend in Ruhe gelassen. Somit verabschiedet sich Frau Mertens in den Urlaub.

DANKE FÜR GAR NICHTS!!!

**Montag der 04.08.2014**

Habe am Wochenende viel über die Gespräche der vergangenen Woche nachgedacht. Für mich ist alles gesagt Ich kümmere mich ums Bewerbungswesen. Weiter passiert hier nicht viel. Die maulende Mürthe ( Michaela ) hat sich krankgemeldet, erst einmal für die ganze Woche. Am 08. geht Sie dann noch zu einem qualifizierten Psychologen. Mal schauen was draus wird. Frau Wollent ist bei meinem morgendlichen Auftritt recht reserviert. Denke das ist eine Schnellfolge meines Gespräches mit Frau Mertens. Frau Wollent, seien Sie nicht betrübt, das wächst sich mit den Jahren alles zu Recht. Mittagspause für 'nen kleinen Ausflug in die Innenstadt genutzt. USB Sticks sind ja sooo günstig geworden. Montag abgehakt!

**Dienstag, der 05.08.2014**

Ich merke die Woche wird grausam. Zieht sich jetzt schon klebrig hin. Jobbörsen abgrasen (10 Minuten) und dann noch weiter Bewerbungen raussenden. Fred ist hier der Einzige der was macht. Der andere lethargische Rest stiert auf seine Monitore, surft oder daddelt mit den Telefonen rum. Da sich von Seiten des Personals eh seltenst mal jemand blicken lässt, ist das auch egal. Das gehört wohl auch zum ausgeklügelten Konzept. Wir werden uns selbst überlassen. Der eine kann's, der Andere nicht.

**Mittwoch der 06.08.2014**

Auch dieser Tag birgt kleine Highlights in sich. Fred und ich hauen eine Bewerbung raus. Andrea, sitzt hier auch immer so rum. Hab vergessen ob ich Sie schon erwähnt habe. Sie hat den angedeuteten Kaffeejob angeboten bekommen. 2 Wochen Praktikum. Bei den besagten schweren Kaffeesäcken würde Ihr schon jemand zur Hand gehen. Meine Frage, ob Sie sich denn auf das Thema Kaffeeröstung, Herkunftsländer, Mischverfahren, Bitterstoffe etc. schlau macht, schüttelt Sie nur den Kopf. Auf die Idee muss man erst mal kommen. Nicht genug, das 2 Wochen lächerlich sind, nein ohne Vorbereitung geht ja auch. Ich beende schnellstmöglich das Thema. Fred will guten Willen zeigen. Bezüglich einer fehlenden, gut klingenden Formulierung in einer seiner Bewerbungen wendet er sich vertrauensvoll an Frau Wollent. Pustekuchen, statt einer hilfreichen Idee muss er sich mal wieder anhören, seine Bestrebungen seien zu speziell. Mal ganz abgesehen von seinen Gehaltsvorstellungen. Darüber hat er mit Ihr zwar noch nie gesprochen, aber Ihren Senf muss Sie dazu trotzdem ablassen. Eine gute Formulierung bezüglich des Satzes, fanden wir dann mittags auf'm Weg zur Pommesbude. Feierabend.

**Donnerstag der 07.08.2014**

Ein sehr sehr zäher Donnerstag. Eigentlich wie die ganze Woche. Das einzig erwähnenswerte ist die Tatsache, dass Fred gesprächstechnisch defloriert wurde. Einfacher ausgedrückt, er hatte nach 10 Monaten das erste Gespräch mit Frau Wegschau. Zur Erinnerung, das ist die Leiterin die man nicht trifft, wenn man nicht weiß, wo sie sich versteckt. Inhaltlich war es nichts anderes als der Kram den er schon mit Frau Mertens besprochen hat. Die DIE SCHULE hat für uns nichts mehr zu bieten. Nebenbei drücke ich Andrea eine Broschüre in die Hand. Bei DIE SCHULE kann man auch 'nen Kurs machen, Verkauf Einzelhandel, Scanner Kassen, Einwand Bearbeitung etc. Würde zu Ihrer Idee Einzelhandel passen. Davon hat Ihr auch noch keiner was erzählt. Sie reicht die Anfrage mal an Frau Wollent weiter, die will sich schlau machen. WARUM HAT SIE KEINE PASSENDE ANTWORT PARAT? Hat noch nie jemand danach gefragt, bzw. warum hat Sie diesen Kurs niemandem angeboten. Maren, Menderes, Andrea Ute, alles Einzelhandelskandidaten. Schlecht. Selbst wenn keine Chance auf den Kurs besteht, hätte man doch die Antwort parat haben müssen. Egal. Kleines Spielchen am Rande, wir wetten wann Plaut morgen am Start ist. Fred 8:54, Silke 8:00, ich 9:15, Andrea 9:30. Bin gespannt wer gewinnt.

**Freitag der 08.08.2014**

Wir sind gespannt. Alle Wettkandidaten sind da und auch Plaut ist pünktlich. Was aber noch lange nichts damit zu tun hat, das irgendwer die Wette gewinnt oder nicht. Die Wette hat keiner gewonnen. Plaut ist erst einmal verschwunden bis er gegen 10:00 Uhr aus der anderen Gruppe wieder zu uns kommt. Er teilt uns seinen neuen Plan mit. Mittwochs und freitags will er mit den bisherigen anwesenden Access und Outlook machen. Guter Plan. 10:35, ich teile Ihm mit das der Plan ja schön und gut ist, aber was ist ab September, da beginnt eine neue Gruppe.
10:37 Er verschwindet in Richtung Büro um zu klären wie es denn dann zeitlich aufzuteilen ist. 11:00 Uhr erscheint er wieder. Er teilt uns erst einmal mit, das dann wohl weiter aufgeteilt wird und er dann zwischen den Gruppen hin und her wechselt. Er beginnt am Platz von Pam. Heute wird das wohl nichts mehr.

Also ein Freitag wie jeder andere Freitag. Fred und ich freuen uns sehr auf das Wochenende. Ich habe mich schon vor langer Zeit dazu entschieden, meinem Mitprobanden Fred die Möglichkeit zu geben eine Gastseite zu schreiben, Unzensiert und ohne Kommentar meinerseits gebe ich hier die Gastseite von Fred wieder. Besser gesagt, es sind drei Seiten geworden. Er wollte mehr, das sprengt aber den Rahmen, soll ja auch meine Dokumentation bleiben. Also: Auf den folgenden Seiten präsentiert sich mein Weggefährte Fred Kupitzke!

## Fred´s Gastkapitel

Als Arno mich bat, eine Gastseite in seinem Buch zu schrieben, war ich zu aller erst nicht sicher was ich schreiben soll. Wenn ich aber darüber mal nachdenke was, wie und mit wem man hier so tagtäglich „abhängt", ist es vielleicht ganz gut. Das Ende vom Lied wird wohl ein Gast Kapitel sein was ich der lesenden Nachwelt hinterlassen werde. Als ich hier im Oktober 2013 meinen „ Dienst „ hier antrat war ich voller Zuversicht und Hoffnung das nach meiner Gesundheitlichen Einschränkung ich bei DIE SCHULE meinen Beruflichen Weg mit Hilfe verändern könnte. Hoffnung die haben mir Der nette" Onkel" bei der RV und die „Lütte" bei DIE SCHULE vorab ja reichlich gemacht. Vor allem die Schnulli´s beim Bildungsträger (ich nehme mal die offizielle Bezeichnung)meinten ja dass das hier ja alles kein Problem darstelle den sie hätten jede Menge Firmen wo man Praktikum machen könnte und sich ausprobieren kann. **Aber was soll ich sagen, das war ein Satz mit X, Dat war wohl nix!!!** Im Grunde lief es von Anfang an so, dass man alles für sich selbstständig und in Eigeninitiative schaffen muss. Hier wurde recht schnell sichtbar, dass man nur ein Finanzbringer ist der mit ein paar kleinen Happen wie Englisch oder ECDL ( Was ein PC Führerschein sein sollte ) bei Laune gehalten um dem Rahmen der Wichtigkeit der Person zu erhalten. Das Problem ist aber im Grunde, wenn du ein bisschen was im Köpfchen hast und du diese Nummer hier durchschaust aber nicht Acht gibst, du ganz schnell in Depression verfällst und dich dem Niveau von dem einen oder der anderen anpasst und du kranker raus kommst als du reingegangen bist. Oder noch besser du zu deiner sowieso schon Einschränkung noch einen drauf gesetzt bekommst. Jeder der dieses Buch liest und meine Gastseite jetzt vor sich hat erwartet, dass ich jetzt nochmal einen drauf setze. Aber was soll ich noch sagen was nicht schon beschrieben wurde. **ALLES STIMMT!** Ich komme hier jeden Tag in die" Anstalt" und versuche irgendwas Positives an dieser Nummer zu finden aber wenn ich mit Dumpfbacken, Psychoten und Profilneurotikern in einen Topf geworfen werde die das wohl des einzelnen höher einstufen als das der Gruppe und noch Unterstützung von der Heimleitung erhalten, muss ich mich fragen ob ich entweder im falschen Film bin oder ich evtl. doch nix an der Wirbelsäule habe sondern eher was an meiner kleinen weichen Birne. Symptomatisch ist doch klar hier mein Wunsch als Ei Wiedergeboren zu werden und wenn es möglich ist noch in Braun. Ein Glückskind bin ich ja schon weil ich eine „ Pädagogische Betreuerin" habe, die habe mich Gott sei Dank auf den leuchtenden Pfad der Erkenntnis und Fortbildung führt und ohne Scheu mich meinem Praktikumsbetrieb mit ihrem Fragebogen der Lächerlichkeit preisgibt. Zum Glück habe ich meinen Job ja so gut gemacht dass es jeder in dem Betrieb es unfassbar fand sich so zu präsentieren. Ein großer Dank gilt hier klar meiner Patin Anke. Dass es nichts mit dem Job da wurde lag im Endeffekt daran das sie einfach nicht genügend Aufträge haben um mich einstellen zu können was wiederum Beweist das die finanziellen Spritzen die es geben sollte ( so sagt man ) kein Zug Argument ist um nen Job zu kriegen. Schön ist ja wenigstens das meine Pädagogin eingesehen hat das ich die eine oder andere Hard Skills brauche um auch als Kaufmann die Branche zu wechseln und da sie nicht mal neun Monate dazu gebraucht hat ist es ja schneller gegangen als wie Sie versucht schwanger zu werden. Bis Oktober hab ich jetzt noch Zwangseinweisung ( im Behörden Jargon heißt das Verlängerung ) hier bei The Welt Best Fortbilder erhalten um auch gänzlich das gesamte Finanzielle von der RV in die Expansion von DIE SCHULE( ach das heißt Tasche) zu stecken. Die Hoffnung stirbt zuletzt, so sagt man aber was ist mit mir??? Ich sterbe seit Monaten langsam und in kleinen Schritten weil man mir jeden Tag ein wenig mehr Mut und Lust rausschneidet da ich hier nur meine Zeit absitze und nix produktives leiste. Alles was bis jetzt gelaufen ist passierte nur weil ich mich darum bemühte und es meiner Mentalität entspricht nicht hier stehen zu bleiben sondern nach vorne schauen will um endlich eine Arbeit zu finden die ich bis zum Rentenalter lustvoll ausüben kann. Heute ist der 30.07.2014. Ein typischer Anstalt Tag hier im Hause DIE SCHULE, das Wetter passt sich der depressiven Grundstimmung an und Wolken verhüllen die Nutzlosigkeit dieses Tages. Wieder einmal sitze ich vor meinem „Arbeitsplatz" und starre regungslos auf den Monitor. Wir sind im Moment zu siebt im Arbeitsraum Neben Arno und der maulenden Mythe sind noch andere Spezis mit im Boot wie z.B. Vinyl die seit Monaten versucht ihr Deckblatt in Form zu kriegen und dabei vergisst, dass man ab und zu auch mal ne Bewerbung rausschicken müsste aber wahrscheinlich ist Sie ja mal wieder mit ihren privaten Problemen wie Behörde, Geld, Kinder oder mit sich selbst zu sehr beschäftigt um sich intensiv auf den Markt anzubieten. Ist eh schon ein Phänomen, dass Sie genau so lange wie ich hier ist ohne auch nur wirklich eine Bemühung zu zeigen. Sie kann kommen wann Sie will, macht Pause so lange Sie will und denkt, dass Sie mit der Naiv-Nummer bei jedem landet und alle Welt für Sie ihr Leben managt. Aber nicht bei mir. Ich habe Sie recht schnell durchschaut und verweigerte schon bei der ersten Hilfe Jammer Nummer die Unterstützung beim Ausfüllen eines Form Antrages für das Amt. Seitdem mag Sie mich wohl nicht mehr, was mir aber auch am Rücken vorbei geht. Neben mir sitzt Bibo, ein wirklich komischer Vogel. Bibo ist gefühlte 100 Jahre als (nein aber mind. 55) und hat vom ersten Tag seiner Anwesenheit hier die Ober Lehrer ich weiß, kann und schaff alles Mentalität Raushängen lassen. Nicht nur das er den Desktop PC nutzt, nein er holt sich noch nen Laptop und hat sein eigenes Note. Notebook mit und zusätzlich seinen eigen Lapi in der Tasche. Es gibt also dann Tage (jeden Tag eigentlich) wo er seine Digitale Armee ausbreitet und sie aus das World Wide Web angreifen lässt. Problem ist denk ich aber eher, dass er selber nicht weiß warum er das macht und wozu er all die schönen Geräte braucht. Hauptsache es sieht wichtig und geschäftig aus. Im Ergebnis steht aber, dass er bis jetzt null Bewerbung fertig oder rausgeschickt hat und der junge ist ja nun auch schon seit 01. April in unserer Illustren Gruppe. Diese Profilneurose und Darstellung Geilheit kann einem richtig nerven. Aber was soll´s wenn er dadurch was findet und in Arbeit kommt habe ich riesen Respekt davor. Ebenso wie bei Menderes, der zwar für mich persönlich Doof war aber durch seine naive Hartnäckigkeit und gefühlten 250 Bewerbung bei IKEA tatsächlich nen Job bekommen hat, ok nur 79 Stunden im Monat aber immerhin. Respekt Menderes. Ich könnte jetzt über jeden irgendetwas schreiben und erzählen, mach ich aber nicht, da das meiste eh schon von Arno erzählt wurde und ich all die Storys nur wiederholen würde. Abschließend sei gesagt, dass ich mir als ich die Maßnahme begann die Hilfe und Unterstützung von den Drei Damen vom Grill und ihrer studentischen Helferin ganz anders vorgestellt habe zumal man mich damit warb, dass man hier mit Unternehmen zusammen arbeitet und man sich vorbereiten kann auf einen anderen Job und vermittelt wird. Resümierend muss ich aber feststellen, dass alle Versprechungen und zusagen hier am ersten Tag bereits in Rauch aufgegangen sind. Alles was man hier erreicht, erarbeitet man sich selbst. Wenn man mal von der Hilfe beim Bewerbung schreiben oder bei der Progressiven Muskelentspannung absieht (die man ja Ultra mäßig braucht). Auch Sitzungen die als Sozialen Kompetenz Training getarnt dazu dienen einigen Psychos eine Plattform zu bieten um andere Leute mit Unterstützung der selbst ernannten Pädagogen anzugreifen sind im gesamten null hilfreich gewesen. Positiv zu erwähnen ist aber, dass man wenigstens Menschen/Gleichgesinnte kennen und schätzen lernt und die diese Posse ein wenig erträglich macht. In diesem Sinne Vielen Dank an Hellen, Chantal und Myrthe das ihr meinen Alltag hier erträglich gemacht habt und immer eine Hand hatte um mich vor dem Sprung aus dem Fenster zu bewahren. Und natürlich Arno ohne den ich wahrscheinlich zum besten Freund von Menderes oder dem Ghost geworden wäre. Ohne unsere geistigen Kaffeeplaudereien hätte der Wahnsinn hier seinen Lauf genommen und ich würde mit Burn out in irgendeinem Klinik Zimmer sabbernd am Fenster sitzen und irgendwelche Stimmen hören.... Danke Arno!!!

**Montag der 11.08.2014**

Es ist wieder mal Montag und weiter gibt es wenig zu berichten. Zu meinem Erstaunen ist Plaut anwesend und unterrichtet. Access steht auf dem Programm. Ich bin gesundheitlich angeschlagen. Erkältung hat mich schon wieder erwisch. Aber irgendwie ziehe ich den Tag halb auf dem Tisch liegend mit durch. Am

Thema Access beteiligt sich kaum jemand, bzw. kommt kaum jemand mit. Außer Bibo, welcher sich zu seinem Arbeitsplatz noch 2 Notebooks aufgebaut hat spricht Plaut auch niemanden an. Warum dieser Vogel, ich nenne Ihn zukünftig wieder Al (wegen seiner erschreckenden Ähnlichkeit zu Al Bundy) immer mehrere Rechner gleichzeitig braucht bekommt nie jemand raus. Schade, dass er keine Ähnlichkeit mit Kelly Bundy hat. Dann hätten wir wenigstens was davon. Viel mehr hab ich heute auch nicht mitbekommen, taumelte benommen herum. Also habe ich beschlossen morgen früh zum Doc zu gehen. Klar dass ich bei dem Krankheitsdurchschnitt, das Personal voran( am meisten glänzt ja Frau Wegschau durch Krankheit oder Abwesenheit durch Urlaub) nicht mehr geneigt bin den Helden der Arbeit heraushängen zu lassen. Das habe ich am Anfang meiner Dokumentation ja schon einmal durchgezogen. Gedankt hat mir das keiner.

**Dienstag der 12 August 2014.**

Ich habe es getan. Ich bin gestern Nachmittag mit meiner dicken Erkältung zum Arzt meines Vertrauens gegangen. Klar dass er mich bei derartigem Grad aus dem Verkehr gezogen hat. Allerdings ist mein Arzt ein schlauer Mann. Irgendwie hat er gemerkt das bei mir was nicht rund läuft und angefangen zu hinterfragen. Was ist denn los mit Ihnen, da ist doch was. Ja und so begann ich dann mit laufender Erkältungsnase zu erzählen. Doktor, vielen Dank. Mal einem komplett Außenstehenden zu erzählen was gerade so passiert. Arzt für Psychosomatik ist er, wusste ich noch gar nicht. Lange Rede kurzer Sinn, meinen Tinnitus kann er nicht behandeln, damit muss ich lernen zu leben. Aber dass er gerade akut ist, ich tierisch angespannt und nervös bin, das hat er gemerkt. Ich brauche ein paar Tage Auszeit. Er hat mir angeboten wenn's Freitag nicht geht soll ich wiederkommen. Werde ich gerne in Anspruch nehmen wenn nötig. Überweisung zu meiner Psychiaterin hat er mir mitgegeben. Tinnitus durch akutes Belastungssyndrom, Angst. Die hab ich, Existenzangst etc. Wie gesagt, er hat mir lange zugehört. Ein Profi halt und kein Laienpädagoge vom Schlage Wollent.

**Montag der 18.08. 2014**

Montag wieder zum Arzt. Die Erkältung tobt sich leider immer noch in meinem Körper aus. Firma Sanicare wird einen erheblichen Anstieg Ihres Umsatzes verbucht haben. Herr Doktor schreibt mich die ganze Woche über krank. Termin bei meiner Psychiaterin hab ich mir für den 09.09. geben lassen. Das erste Mal in meinem Leben, das ich eine Krankschreibung ohne schlechtes Gewissen erleben darf. Nichts versäume ich, keinen lasse ich hängen und niemand muss für mich mitarbeiten. Was für ein schönes Gefühl. Auf dem Laufenden bleibe ich natürlich trotzdem durch meine Mitprobanden.
Meine Krankschreibung, lief wie gesagt bis zum 22.08.2014.

## TOPKAPITEL!!!

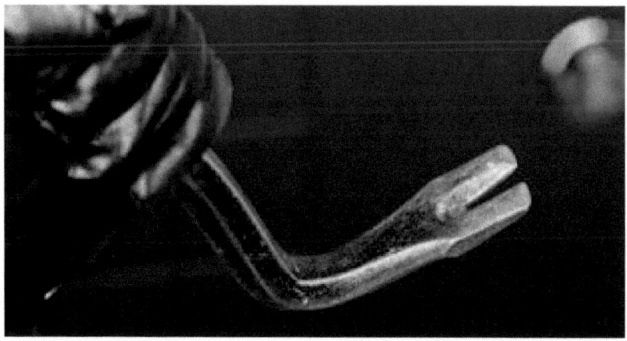

Wir schreiben Tag 1 nach meiner Krankschreibung. Da ich heute ECDL Tag habe, werde ich naturlich trotzdem erst einmal in die Frankenstraße gehen um mich zurück zu melden. Versteht sich ja von selbst. Nach kurzem Plaudern erfahre ich dann von den Dame des Hauses, das die ECDL Arbeitsplätze umgebaut werden und zukünftig mit in der Frankenstraße installiert werden. Ich hatte mir ja ganz zu Anfang der Maßnahme einen Spind im Umkleideraum der Süderstraße zuteilen lassen. Spindnummer und meinen Namen hatte ich im Büro hinterlegt. Spind habe ich dann mit einem privaten Vorhängeschloss versehen. Also beschloss ich kurz rüber zu gehen und diesen jetzt zu leeren. Genutzt habe ich den Spind zum Aufbewahren meiner Schreibunterlagen, der von mir erstellten Schulungsunterlagen und meines Kopfhörers, den Herr von Ast mir freundlicherweise als neues Exemplar zur Verfügung gestellt hatte. So habe ich mich dann auf den Weg gemacht. Drüben angekommen, fand ich den Raum verschlossen vor. Kein Problem, also ins Büro um mir den Schlüssel für den Zugang zu meinem Spind zu besorgen. Im Büro angekommen wurde mir folgendes mitgeteilt. Der Spind sei geräumt worden. Hierzu sei natürlich das Schloss geknackt worden. (schönes BW Schloss welches ich bei Ebay ersteigert hatte). Wieso weshalb warum? Keine richtige Antwort. Auf meine Frage hin, wo denn meine Schulungsunterlagen abgeblieben seien wurde mir gesagt die hätte man weggeworfen. Weil kein Name draufstand. Das ist natürlich eine super Begründung, dafür habe ich doch 'nen Spind mit Schloss. Bezüglich dieser Vorgehensweise habe ich sofort Einspruch eingelegt und um Ersatz für mein Schloss gebeten. Ganz abgesehen davon das meine pers. Unterlagen im Müll gelandet sind. Danke sehr. In der Frankenstraße angekommen wusste man schon bescheid. Die Damen waren schon informiert. Nicht informiert waren Sie über die Tatsache, dass meine Unterlagen kommentarlos im Müll gelandet sind. Offen sichtlich können natürlich die Damen des Hauses Frankenstraße gar nichts dafür. Entsprechend auch Ihre Empörung über das Verhalten der DIE SCHULE Panzerknackerbande aus der Süderstraße. Das Schloss wurde mir umgehend ersetzt.

*Das entschuldigt aber in keinem Maße den Einbruch in den mir zur Verfügung gestellten Spind.*

**Dienstag der 26.08.2014**

08:00 Uhr und wir starten wieder in den Tag der schon jetzt einen schleppenden Eindruck macht. Trotz alledem, ich werde mal wieder 2 Bewerbungen raushauen. Erstens Louis Motorrad, zweitens Jugendherberge in HH Horn, Horner Rennbahn. Heute ist Herr XXX im Hause, deshalb steht Maren plötzlich im Raum. Sie ist noch krankgeschrieben. Burn Out während der DIE SCHULE Maßnahme. Nach dem Gespräch mit Herrn XXX steht fest, das Sie aus der Maßnahme kommt. Allerdings solange Sie während der Laufzeit noch krankgeschrieben ist, bekommt Sie weiterhin Geld. Sie freut sich, Ziel erreicht. Michaela wird kurzfristig zum

Gespräch gebeten. Sie hat ja auch schwer an den Umständen der Maßnahme zu knabbern. Vielleicht wäre es ein Ansatz mal zu schauen, weshalb die Leute hier alle einen weg bekommen. Sicher wird das von Fall zu Fall zu beurteilen zu sein, aber allen zu unterstellen, das Sie aufgrund Ihrer Vorgeschichte hier leiden wäre falsch. Die Maßnahme hier hat keinen heilungs- fördernden Aspekt aufzuweisen. Dem stimmen hier wohl alle beteiligten zu, auch wenn die Mitarbeiter in Anbetracht Ihrer Arbeitsplatzerhaltenden Bestrebungen anders argumentieren werden. Aber ich denke meine Aufzeichnungen über den gesamten Zeitraum der Maßnahme werden Aussagekraft haben. Schade ist, das Michaela mit dem Gesprächstermin etwas überrumpelt wurde und Ihr keine Zeit gegeben wurde sich vorzubereiten. Ist nicht jedermanns Sache aus dem Stehgreif heraus die Initiative zu ergreifen. Ich rate Ihr zu einem Folgegespräch nach gründlicher Vorbereitung. Ich hatte Frau Mertens gebeten bezüglich meiner Situation zu klären, ob ich während der Schulzeiten im Seemannsheim aushelfen könne. Erstens um in Kontakt zu bleiben, zweitens um was Sinnvolles zu machen. Das wird ohne viel Aufhebens bewilligt, kurzes ok durch Frau Mertens und schon hab ich es den Kollegen aus dem Seemannsheim mitgeteilt.

**Mittwoch der 27.08.2014**

Es ist mal wieder so weit. Alle stellen sich auf Plaut ein. Aber vorab eine Geschichte. Ich sitze noch alleine im Raum und Al-Bundy kommt rein. Er sagt weder guten Tag, noch irgendeine Art der Begrüßung. Ich fragte Ihn, nachdem Fred mich schon vorgewarnt hatte, ob er wirklich so ein Asi sei der im Kindesalter bei der Erziehung nicht aufgepasst hat. Aber selbst diese plumpe, schlechte und recht blöde Anmache schnallt Al Bundy nicht. Weiter im Thema. Ansonsten ist die Halle gut gefüllt. Mike ist wieder da, das freut mich. Wie er mitteilt läuft sein Praktikum recht gut, evtl. besteht Chance auf Übernahme. Eine notwendige Fortbildung in kleinem Rahmen ist nach Beendigung eines positiven Praktikums auch drin. Irgendwie ganz gute Stimmung, man merkt das einige der Probanden im Praktikum sind. Raus aus dem Gulag. Access steht an aber wie immer ist Plaut die erste Stunde damit beschäftigt seinen Rechner zum Laufen zu bringen.

Das stört niemanden mehr. Al Bundy steht im Mittelpunkt des Geschehens. Aus unerklärlichen Gründen wird er von Plaut mindestens 10-mal (hier hab ich aufgehört mitzuzählen) angesprochen, um irgendetwas zu kommentieren. Ich hab mich an Access nicht beteiligt, stattdessen einen Adressen zusammenstell-Vormittag eingelegt. Neue hoch interessante Daten hab ich nicht gefunden

**Donnerstag der 28.08.2014**

Heute ist im Gegensatz zu gestern leere Hütte. Sitze mit Michaela und Pam alleine im Schulungsraum rum. Weiter passiert heute Gar nichts. Wir unterhalten uns lange über das von Pamela angestrebte Projekt bezüglich Ihrer Katzensitting Geschichte. Damit will Sie sich selbständig machen. Drücke Ihr die Daumen, das es hinhaut, zumindest ist Sie einer der wenigen Teilnehmer die einen konkreten Plan verfolgen. Ach ja, Menderes war kurz da. Er hat angekündigt, dass er wohl im Oktober wieder zu uns stoßen wird. IKEA ade, das mit den Stunden und der Bezahlung haut dann doch nicht so hin wie er sich das erhofft hat. Gut das man Ihm eine Hintertür offen gehalten hat. Großer krach im Treppenhaus. Das man in der Süderstraße meinen Spind geknackt hat, hatte Grund. Heute ziehen die Arbeitsplätze um, in die Frankenstraße. Arbeitsraum direkt neben dem EDV Raum. Ich glaube die Jugendlichen von drüben ziehen mit um. Ein Friseursalon soll nämlich auch installiert werden. Schauen wir mal wie sich der Lärmpegel entwickeln wird.

**Freitag der 29.08.2014**

Wir haben wieder Freitag. Hurra. Der Schulungsraum füllt sich. Plaut ist einigermaßen pünktlich und nach seiner Ansage werden wir so gegen. 9:00 Uhr wohl starten. Bibo der Bauer hat wieder nicht guten Morgen gesagt. Das fällt schon anderen auf. Egal. Abgehakt. Ich lese soweit erst einmal meine Mopo, starte sämtliche mir bekannte Jobbörsen. Nebenbei kümmere ich mich um die Klärung der Zahlungen des Überbrückungsgeldes, der Frage wo melde ich mich Arbeit suchend wenn die Maßnahme beendet ist. Jobbörse oder das Arbeitsamt. Keinem ist so genau klar wer der Ansprechpartner ist. Wird sich klären, Zeit genug hab ich ja noch.

Aber lieber rechtzeitig Informationen zusammentragen. Anfang Oktober muss ich mich Arbeit suchend melden, 3 Monate vor Beendigung der Maßnahme. Es ist 09:05. Vom angesagten Start sind wir weit entfernt. Plaut was ist bloß los mit Dir? An Deinen Vorbereitungen musst Du wirklich arbeiten. Komme mir leicht verarscht vor, Herr Ditesch.

**Montag der 01.09.2014**

**Herr Lottemann erfährt was seine Zöglinge wirklich so treiben………**

Es ist wieder Montag. Und ich gehe mal davon aus das heute neue Probanden beginnen. Das wäre natürlich mal wieder einen Auftritt von Frau Wegschau wert, die wie bereits erwähnt ja immer nur in Erscheinung tritt wenn in den vorhandenen Räumen herum geführt werden muss. Ich bekomme allerdings nichts davon mit. Mein Weggefährte Fred ist wieder im Hause. Nachdem er seinen Finger, welchem er eine Schnittwunde zugefügt hat, immer noch im Verband trägt, hat er sich einsatzbereit wieder zu uns gesellt. Das bedeutet natürlich, das ich mich mit Ihm erst einmal in den dritten Stock zum Kaffee trinken zurückziehe und wir uns updaten. Das dauert dann genau bis zur Frühstückspause. Die müssen wir natürlich nehmen. Wir wurden nicht vermisst. Im dritten Stock haben wir dann noch ein paar neue Probanden getroffen. Die hatten sich, zwecks Maßnahme-Beginns, in den dritten Stock verirrt. Auch Herrn Lottemann, den Dozenten aus der Süderstraße haben wir getroffen. Der ist mit seinem Lehrgang ja auch komplett in die Frankenstraße umgezogen. Leider hat er uns auch keine positiven Nachrichten zu verkünden. Von seinem aktuell laufenden Kurs, für den ursprünglich über 30 Personen eingeschrieben waren kann er leider nur schlechtes berichten. Denn es sind zu Beginn des Kurses nur 16 Teilnehmer erschienen. Das ist kein guter Schnitt. Aber es kommt noch besser. Von diesen 16 Personen sind noch 8 Teilnehmer übrig geblieben. Von diesen 8 Teilnehmern erscheinen aber nur 5 regelmäßig. Aber Herr Lottemann sieht das alles trotzdem recht gelassen. Ihm ist es doch egal wie viele Leute da so rumsitzen. Sein Job ist auch mit 5 Personen gesichert. So kann man es natürlich auch halten. Als wir Herrn Lottemann erklären, er könne froh sein, die Jugendlichen nicht mehr zu haben, versteht er uns erst nicht. Das ändern wir. Wir erklären Ihm erst einmal wie oft wir seine Zöglinge kiffend auf der Herrentoilette angetroffen haben. Auch als Joint-Baustelle wurde der Umkleideraum des Öfteren genutzt. Ganz zu schweigen von der Duftwolke die den einen oder anderen Tag den Umkleideraum verließ. Für mich als nicht Kiffer hätte die Raumwirkung auf der Toilette gereicht, mich zu erledigen. Auch Herr von Ast, unser EDV Beauftragter, konnte weiterhin einiges zum Besten geben. Es ging im Gespräch darum wie der gesamte Umzug aus der Süderstraße denn so von statten geht. Wie passen denn alle hier herein. So groß ist der neue Raum ja nun auch nicht um alles und alle unterzubringen. Aber dafür gibt es laut Herrn von Ast eine leichte Erklärung. DIE SCHULE ist bei den Ausschreibungen nicht weiter berücksichtigt worden. Sprich, die Zuschläge haben andere Bildungsträger erhalten. Da kann man sich hinsichtlich der Zukunftsplanung ja schon mal verkleinern. Andere Anbieter sind da wohl günstiger gewesen. Das möchte ich mir gar nicht vorstellen was dann da geboten wird. Laut Herrn XXX, unserem Ansprechpartner bei der Rentenversicherung im Gespräch mit Mürthe zählt DIE SCHULE doch schon zu den Billiganbietern. Ja was da wohl der Wahrheit entspricht. Alle Achtung an Herrn Lottemann und Herrn Von Ast, Sie versuchen trotzdem eine Art Positivismus in Ihre Stimme zu bringen. Nach der Pause gesellt sich Plaut auch zu uns. Er sitzt den Nachmittag über da und arbeitet vor sich hin. Vielleicht bereitet er den Unterricht für Mittwoch vor. Dann könnten wir vor 9:00 Uhr beginnen. Weiteres folgt. Fred und ich sind uns unserer weiteren Vorgehensweise bewusst. Ich auf alle Fälle. Für mich wird DIE SCHULE die kommenden Wochen nichts weiter sein als mein ausgelagertes Büro. Hier schreib ich meine Bewerbungen, an meiner Dokumentation und mehr nicht. Außerdem soll ich nicht so schnell arbeiten hat meine Frau gesagt. Im Rastasyle wäre angemessen. Wers versteht. Und auch heute nähern wir uns in rasanten Schritten wieder dem Feierabend……

**Dienstag 02.09.2014**

Ein trostloser Tag wie viele vorangegangene nimmt seinen Lauf. Da heute die neuen Probanden den hinteren kleinen Schulungsraum belegen, hat sich der EDV Raum merklich gefüllt. Hinter mir hat Al Bundy Platz genommen. Es tut mir sehr leid für Ihn, aber die Ähnlichkeit ist erschreckend. Ansonsten Fred, Denise, Tom, Axel und weitere Probanden anwesend. Von der ehemals guten Stimmung ist nix mehr übrig. Heute würde sich keiner mehr beschweren, es sei zu laut…. Hier redet kaum noch jemand mit dem Anderen. Fred und ich tauschen uns aus. Alle Anderen:

Lethargie (griech. ληθαργία *lethargía*) wird in der medizinischen Fachsprache eine Form der Bewusstseinsstörung bezeichnet, die mit Schläfrigkeit und einer Erhöhung der Reizschwelle einhergeht.

Das sollte Aussage genug sein. Ich habe mich heute vorrangig damit beschäftigt wie ich dieses Schriftstück später einer Allgemeinheit zur Verfügung stellen kann. Zwei Wege erachte ich als sinnvoll. Über das Internet kann ich eine Plattform wählen in der ich mein Schriftstück veröffentlichen kann ohne ein Risiko einzugehen. Print on demand nennt sich das Verfahren. Ich bekomme für mein Werk eine ISBN Nummer, Buch wird veröffentlicht, selbst bei Amazon. Ebook auch möglich. Geld damit verdienen ist natürlich illusorisch. Aber zum Selbstkostenpreis kann man es erstellen lassen. Der Käufer hat dann nach Bestellung allerdings eine Wartezeit von ein paar Tagen. Das ist der eine Weg. Der zweite Weg ist der über einen Verlag. Da muss man allerdings vorfinanzieren, und das ist nicht drin.

**Mittwoch der 03.09.2014**

Nichts weiter passiert. Al Bundy posaunt allerdings stolz heraus, das er ab morgen einen Praktikumsplatz hat. Das erscheint interessant für mich. Ich höre also mit einem Ohr zu. Mache ich übrigens immer. Er schildert erst einmal das SIE IHN HABEN WOLLEN OHNE SEINE UNTERLAGEN GESEHEN ZU HABEN. Wie gut das Sie Ihn noch nicht gesehen haben. Tschuldigung. Aber dann höre ich worum es geht. Er beginnt sein Praktikum im Archiv bei der Staatsanwaltschaft. Moment, da war doch was. Das ist die Stelle die unser Menderes doch nach 2 Tagen hingeworfen hat, weil Ihm die alten Akten, zu gefährlich wurden. Na dann viel Spaß. Andere Stellen scheint DIE SCHULE offen sichtlich nicht im Angebot zu haben. Vielleicht klappt es ja mit Al. Auch Herrn Lottemann haben wir wieder beim Kaffee getroffen. Er ist weiterhin ganz zufrieden, lacht allerdings auch über die Stelle von Al, weil, die wurde dann doch schon des Öfteren angeboten. Davon wussten wir nichts. Ich hab noch zwei Bewerbungen rausgehauen. Dann ein erlösender Anruf. Das Seemannsheim kann morgen meine Hilfe brauchen. Das trage ich Frau Mertens vor. Wie besprochen und vereinbart kann ich den kommenden Tag im Seemannsheim tätig sein. Danke für die unproblematische Abwicklung Frau Mertens. Sollte ich länger benötigt werden kann ich das morgen mitteilen. Schönes Arbeiten.

**Donnerstag der 04.09.2014**

Arbeitstag im Seemannsheim!

**Freitag der 05.09.2014**

Ein Freitag ohne große Ereignisse. Kurze Nachfrage von Frau Mertens wie es im Seemannsheim so war, alles ganz angemessen. Die letzten Gespräche mit Ihr verliefen recht angenehm und auf guter Ebene. Da Plaut freitags immer mit der neuen Gruppe drüben sitzt, sind auch wir weitestgehend wieder auf uns allein gestellt. Das macht aber nix. Nutze die Zeit um mir etwas Adressmaterial für die kommende Woche zusammen zu stellen. Mehr war nicht los. Wochenende schauen wir mal. Ich hoffe, dass ich abschalten kann sobald ich das Gebäude verlassen habe. Komme mir irgendwie gefangen vor.

**Montag 08.09.2014**

Früh ran und früh davon. Daraus wird hier nichts. Durchhalten ist die Parole. Der EDV Raum ist recht gefüllt. Ganz ordentlich. Nur ein Problem. Katrin the Ghost sitzt mit wirrem Blick hinter mir. Das macht mir wieder Angst. Mürthe ist auch wieder da und macht keinen so guten Eindruck auf mich. Sie wirkt abwesend und genervt. Sie kommt direkt vom Arzt, welcher Ihr eine Gesprächstherapie empfohlen hat. Damit ist Ihr aber kurzfristig auch nicht geholfen. Merkwürdig. So vergeht der Tag. Nach der Pause hab ich ein neues Anschreiben entwickelt. Es geht um telefonische Kundenbetreuung Inbound. Ich will mal testen wie darauf reagiert wird wenn ich mich auf diese Stellen bewerbe. Könnte ich mir auch ganz gut vorstellen. Das Schreiben habe ich Frau Mertens nochmal vorgelegt, 4 Augen sehen besser. Bis auf zwei kleine Korrekturen findet Sie das Schreiben recht gut. Werde es modifiziert für einige Stellen verwenden, wie auch die anderen schon. Das Anschreiben werde ich auf mein Adressmaterial vom Freitag anwenden. Gegen 17:00 Uhr erhalte ich eine Mail von Mürthe. Sie war nochmals bei einem anderen Arzt. Der hat Sie weiter krankgeschrieben. Ungefähr wegen Erkältung und Erschöpfung. Hatte ich mir schon so gedacht. Hab Ihr meine Hilfe angeboten wenn was ist. Holschuld Ihrerseits, mein Angebot steht.


**Dienstag 09.09.2014**

Bin bei Axel, dem Zahnarzt meines Vertrauens. Wirklich der Einzige dem ich vertraue, der genau weiß was gut für mich ist. Außerdem hat er die freundlichste Helferin die ich jäh kennen gelernt habe. Ich mach hier mal unbezahlte Werbung, also wer auch nur annähernd Angst vor einem Zahnarzt hat der gehe zu:

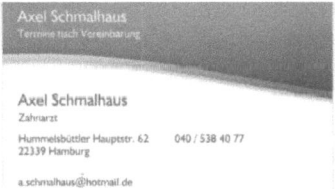

Zu meinem großen Entsetzen stellt er fest, dass ein Weisheitszahn raus muss. Fachjargon 28ex. Schweißperlen rinnen mir den Rücken runter. Tischtennisball groß. Als er mir dann noch mitteilt, dass ich eine Überweisung bekomme ist alles aus. Auch noch zu einem Fremden. Das kann ja wohl nicht wahr sein. Ich versuche Fassung zu bewahren, es fällt mir schwer, es gelingt mir nicht.

Dann die nächste Hiobsbotschaft. Eine alte Brücke muss erneuert werden. Mir wird schwindelig. Ich war doch nur hier um kurz mal nachsehen zu lassen. Letztes Jahr war die Welt doch noch in Ordnung. Benommen werde ich zum Röntgen geführt. Das Gerät dreht sich um meinen Kopf. Mehr registriere ich nicht. Dann mache ich mich mit einem großen Umschlag mit Unterlagen auf den Weg zu DIE SCHULE. Das hab ich nun davon. Bei DIE SCHULE angekommen erfahre ich, dass Fred ein Gespräch hatte. Er soll nicht glauben, dass er jetzt in einem Loch hänge. Das sollte ein positiver Gesprächsansatz sein, um Ihm zu vermitteln das er nicht in Vergessenheit geraten ist. Mir wird bewusst, dass Fred in 4 Wochen ja schon weg ist, Michaela wohl auch nicht wiederkommt. Die Luft wird dünn für mich, mit wem soll ich mich bloß zukünftig die letzten 3 Monate unterhalten. Mir fällt keiner ein. Verbringe meine Zeit bis zum Feierabend damit mir Videos bei YouTube anzuschauen. Thema: Zahn OP.

**Mittwoch 10.09.2014**

Plaut beginnt fast pünktlich mit seinem Unterricht. Ja ja, das System hat Ihn gepackt. Vormittags Access, nachmittags will er Outlook machen. Da mich das Thema Access null interessiert schreibe ich nebenbei zwei Bewerbungen zum Thema Kundenbetreuung und eines als Automatenauffüller. Da soll mal einer versuchen mir zu unterstellen ich würde nicht alles versuchen. Zumindest stelle ich mich breit gefächert auf. Das Highlight des Tages ist aber eine Aussage von Frau Wollent. Pamela möchte gerne am kommenden Tag Ihre PowerPoint Prüfung machen. Es wird Ihr vorgeschlagen sich dazu ein Notebook zu greifen und sich dann in Ruhe in einen leer stehenden Raum zu setzen. Im Prinzip nicht schlecht. Als ich Pam dann darüber informiere, dass ein Notebook dazu äußerst schlecht geeignet ist, wie ich am Anfang schon beschrieben habe, trägt Sie diesen Einwand vor. Sie kann die Prüfung dann morgen auf einem stationären PC machen. Allerdings wird Sie vorher von Frau Wollent darüber Informiert, dass es auf einem Notebook schon geht. Frau Wollent erklärt Ihr tatsächlich, sie hätte schon Prüfungen abgenommen, bei denen auf einem Notebook gearbeitet wurde. Frau Wollent, wenn man Prüfungen abnimmt, ist man der Prüfende. Also man hat Ahnung von der

Materie. Ein Prüfer ist keine Person, die Während einer Prüfung im Raum anwesend ist und herumläuft.

**Für Frau Wollent die Definition Prüfer!**

natürliche Person, die eine Prüfung durchführt. Prüfer können Einzelprüfer (z.b. selbstständige Wirtschaftsprüfer (WP), vereidigte Buchprüfer) oder Mitarbeiter eines Prüfungsorgans (z.B. Prüfungsverband, Wirtschaftsprüfungsgesellschaft, Buchprüfungsgesellschaft) **sein**. Prüfer benötigen bes. Qualifikation. Für *gesetzlich vorgeschriebene Pflichtprüfungen* wird der Kreis möglicher Prüfer eingegrenzt; die konkret aufgestellten Qualifikationsanforderungen müssen erfüllt werden. *Andere Prüfungen* können auch sonstige Prüfer durchführen, die der Auftraggeber frei wählen kann.

Außerdem, machen Sie doch selbst mal eine Prüfung auf einem Notebook, dann wissen Sie wenigstens wovon Sie reden. So geht dann dieser Tag auch vorüber. Das Leben ist verdammt hart an der Küste.

**Donnerstag, 11.09.2014**

Wir sitzen mal wieder im EDV Raum, wo auch sonst. Einen anderen gibt es ja nicht für uns. Ich hatte die Fenster auf Kipp gestellt als ich kam denn die Luft ist morgens recht schlecht. Ebenso ist die Tür geöffnet, hierzu benötigt man einen Keil. Wir beschäftigen uns bereits ca. 30 Minuten in Eigenarbeit, als plötzlich Katrin the Ghost den Raum betritt. Zielstrebig ohne ein Wort schießt Sie auf die Fenster zu und schließt sie. Nächste Handlung, Sie sprintet zur Tür und schießt den Keil unter der Tür weg. Damit sind wir von der Außenwelt isoliert. Was hat Sie vor? Gar nichts weiter. Kommentarlos, sucht sie sich einen Platz und beginnt mit Arbeitsvorbereitungen. Jetzt reicht es auch den anderen. Tomas merkt an, das er atmen muss. Wink mit dem Zaunpfahl. Das prallt an Ihr ab. Nachdem Tomas die Tür irgendwann wieder geöffnet hat, Sie sie wieder verschlossen hat, haue ich den Keil unter die Tür mit dem Vermerk, wir stimmen ab. Wer ist für offene Tür. Mehrere Zustimmungen. *Ich denke, damit, ist die Frischluftzufuhr und die demokratische Grundordnung wieder hergestellt.* Fehler! Katrin versucht eine Diskussion zu starten. Sie wirft uns vor nicht gruppendynamisch zu denken. Sie begreift Ihre Vorgehensweise von vorhin nicht. Wir versuchen Ihr zu erklären, dass hier schlechte Luft im Raum herrscht, wenn mehrere Personen hier arbeiten. Aber dann die Antwort von Ghost haut dem Fass den Boden aus. **Sie erklärt zusätzlich zu Ihrem Egoverhalten das Sie ja nichts riechen kann. Sie hätte da eine Störung.** Das meint Sie ernst, es handelt sich um einen körperlichen Schaden.

**Der trockene und wunderbar passende Kommentar von**

**Andreas:**

„das Erklärt ja so einiges"

Für mich auch. Gegen Mittag füllt sich der Raum mit den anderen Probanden. Die Plätze drüben werden für andere benötigt. Die letzten Tage kommt es des Öfteren vor, dass irgendwelche Teilnehmer aus den anderen Kursen sich an freie Plätze in unserem EDV Raum setzen. Wer diese genau sind, ist nicht klar. Ich glaube nicht, das dies im Sinne der Maßnahme ist, Ich werde es weiter beobachten.

**Freitag, 12.09.2014**

Heute ist nichts passiert. Freundlicher Smalltalk zu Beginn des Tages mit Frau Mertens. Habe Ihr erzählt, das mir die Woche endlos lang vorkam und Sie hat schon richtig erkannt, das zu wenig für mich passiert. Sie meinte ich hab ja nur Plaut einmal in der Woche. Ja das ist wirklich etwas zu wenig. Vielleicht kommt deshalb Frau Wollent mittags und fragt in die Gruppe ob jemand Lust hätte Gehirn-Jogging zu spielen. Keiner hat Lust. OK. Sie hat es versucht. Habe vom Seemannsheim 3 Tage im Oktober angeboten bekommen. Leider am Wochenende. Kann ich mich nicht aus dem DIE SCHULE Geschehen ausblenden. Die Tage übernehme ich natürlich trotzdem. Kontakt pflegen und auch etwas Abwechslung kann nicht schaden. Michaela ist weiterhin krankgeschrieben. Bis zum 19.09. erst einmal. Das war es dann wohl für Sie, die 6 Wochen Krankheit die erlaubt sind hat Sie locker überschritten. Ich habe Zahntermin am 25.09. erhalten. Der Arzt meint 2-3 Tage wird er mich dann wohl auch krankschreiben. Das ist kein Trost!!

**Montag der 15.09.2014**

8:00 Uhr. Sitze ganz alleine im Raum. Das ist mal wieder sehr angenehm. Doch dann kommt Bewegung in den Raum. Ghost reißt die Tür auf. Moin sagt Sie natürlich nicht. Ich natürlich auch nicht. Sie stürzt sich auf Stuhl 1 an der Tür. Schnappt Ihn sich und verschwindet mit Ihm. Ich freue mich. Die Tür springt wieder auf. Ghost erscheint erneut. Sie stürmt auf das Stehpult zu welches sich seit einiger Zeit im Raum befindet um den Rückenkandidaten das Leben zu erleichtern. Unter Aufwendung Ihrer, so scheint es, ganzen Kraft schiebt Sie das Stehpult aus dem Raum. Großes Kino! Heute mal wieder Bewerbungen raussenden. Fange mit einer Online-Bewerbung an. Lichtblick. Vielleicht kann ich es ja mal in telefonischer Kundenbetreuung versuchen. 09:15 sitze ich immer noch alleine im EDV Raum rum. Ein junger Mann gesellt sich zu mir in den Raum. Er kommt aus der Ausbildungsklasse aus den Nebenräumen. Da hier jetzt öfters mal Fremde einen Arbeitsplatz nutzen, setzt er sich wie selbstverständlich schräg hinter mich. Von Datenschutz und geschlossener Reha Gruppe keine Spur. Auch wird keiner der Teilnehmer gefragt ob es ok ist. Er kann nichts dafür. Wir kommen kurz ins Gespräch. Er macht eine Friseurausbildung. Ist allerdings auch sehr gefrustet. Sie sind zu dritt. Und seine Kollegen sind leider Motivationshemmer. Einer ist laufend krank, der andere hat überhaupt keinen Bock. Warum soll es Ihm anders gehen als uns. Ich werde das Kommen und Gehen fremder Personen beobachten. Mich störts. Der Tag eiert weiter vor sich hin. Bin komplett alleine. Suche im WWW nach interessanten Jobangeboten, aber da kommt ja auch nichts bei rüber. Das alles was ich hier seit Wochen mache, wie gesagt, könnte ich getrost von zu Hause aus erledigen. Einmal die Woche hier vorbei schneien und Bericht

143

abgeben und gut wäre es. So geht auch dieser Montag schleichend zu ende.

**Dienstag der 16.09.2014**

8:00 Wieder Leere. Was ist hier los. Hab ich irgendetwas nicht mitbekommen. Aber die Damen sitzen ja vorne im Kämmerlein. Dann scheint ja wohl alles ok. Es sei denn, Sie haben auch nicht mitbekommen das hier nichts mehr läuft. Fred hat sich für 2 Tage abgemeldet. Ihm wurde gestern tatsächlich ein Weisheitszahn extrahiert. Was es für Zufälle gibt, ich bin kommende Woche dran. Als Beweis hat er mir Fotos geschickt, weil ich Ihm unterstellt habe er würde sich nicht trauen. Alle Achtung Fred. Aber eines ist sicher, ich werde nächste Woche nicht kneifen. Axel ist da. Er hat gleich mal wieder sein Praktikumsgespräch mit Frau Wollent. Sie glaubt weiterhin, das er jeden Tag zum Praktikum geht, obwohl er mittlerweile jedem davon erzählt, das er zur Zeit das gute Wetter nutzt um an seinem Gartenhaus zu bauen. Da will seine Tochter sich ein Zimmer einrichten. Zumindest beschäftigt er sich im Gegensatz zu 80 % der Teilnehmer sinnvoll. Der Rest beschäftigt sich mit Amazon, Zalando und vor allem wieder Handyspiele. Ich kann da leider nicht mitmachen, mein altes Handy ist nicht netzwerktauglich. Schade. Sein nächstes Praktikum hat er jetzt fest geplant. Axel ist schlauer als ich gedacht habe. Bei seinem Vereinskollegen aus Sasel. Ja ja, so ein Verein verbindet ungemein. Auch bei dem Praktikum wird er nur sporadisch erscheinen. Es gibt im Garten noch eine Menge zu tun. Das erzählt er hier jedem. Er muss halt nur da sein, wenn Frau Wollent sich wieder angekündigt hat. Achtung liebe Rentenversicherung!! Es sitzen wieder 3 Jugendliche mit in unserem Raum. Wie sollen wir uns untereinander austauschen wenn laufend Fremdpersonen anwesend sind. Ich erzähle jedenfalls nichts mehr was meine Person angeht, meinen Werdegang und meine Planungen solange hier ein ständiges Kommen und Gehen ist. Datenschutz ist das Wort das für mich hier zählt. Das kann nicht im Sinne der von der Rentenversicherung bezahlten Maßnahme sein. Dann kommt noch dazu dass die Jugendlichen ständig sabbeln und flüstern. Gedanken an meine Schulzeit kommen auf. Dann reichst mir. Ich frage die drei ob ich Sie persönlich umsetzen soll. Das wird sofort verstanden und es herrscht Ruhe. Muss man denn immer erst böse werden?? 12:30 komme ich gemütlich aus der Mittagspause gewackelt. Pommesbude wird reich durch mich und andere Teilnehmer die ja auch gerne mal etwas dort essen gehen. Wieder sitzen 2 Fremde Personen im Raum. Die anderen Kursteilnehmer, welche mittlerweile aus dem Englischkurs zu uns gestoßen sind, sagen dazu nichts, schauen aber verunsichert. Al Bundy, der Klugscheißer der sich zu seinem Arbeitsplatz immer noch 2 Notebooks aufbaut sitzt hinter mir. Er meint auch alles zu können. Es geht mir so auf den Senkel das der direkt hinter mir sitzt. Ich bekomme negative Agressionen. Zum Glück Feierabend. Ich verschwinde so schnell ich kann.

**Mittwoch der 17.09.2014**

Um acht Uhr beginnen wir pünktlich. Leider werden wieder irgendwelche Jugendliche aus den angrenzenden Räumen in unseren Schulungsraum gesetzt. Bislang ist weiterhin niemand auf die Idee gekommen, die Teilnehmer der Reha Maßnahme zu befragen, ob Sie damit einverstanden sind. Trotzdem hat Plaut keine Hemmungen seinen Unterricht zu beginnen obwohl die Fremdkörper im Raum sind. Soll das jetzt so weitergehen? Nicht genug damit das wir keinen angemessenen Aufenthaltsraum haben, der kleine Schulungsraum ständig mit fremden Personen belegt ist, der Entspannungsraum nur noch auf Anfrage geöffnet wird, nein jetzt wird der EDV Raum der ja zur Reha Maßnahme gehört zur öffentlichen Bedürfnisanstalt. Ich zitiere Frau Wegschau: In den neuen Räumen sind wir dann auch die einzigen die diese nutzen. Lachhaft. Außerdem sind die Räume in der Frankenstraße auch größer. Wieder nichts geworden. Seit die neuen SAP Räume neben unserem Schulungsraum fertig sind ist es hier laut und voll. Werde mich darüber in einem späteren Gespräch mit Frau Rotbach auslassen, zu meinem Erstaunen treffe ich dort auf Zustimmung. Wieder sitzt eine fremde Person hinter mir und kann mir in die Unterlagen schauen. Bewerbungen, Lebenslauf und alles Andere. Das passt mir gar nicht. Dann die Erlösung. Das Telefon klingelt. Das Seemannsheim benötigt morgen meine Hilfe. Danke Else vom Seemannsheim das Du an mich gedacht hast. Am Nachmittag beschäftigen wir uns mit Outlook. Nichts weiter passiert.

**Donnerstag der 18.09.2014**

Wie schon gesagt, verbringe meine Schicht im Seemannsheim. Rezeption uns so weiter.

**Freitag der 19.09.2014**

Folgendes ist am gestrigen Tage in der DIE SCHULE Schule passiert. Es wurde beschlossen, eine der drei Damen würde jetzt immer donnerstags im EDV Raum sitzen. Präsenz zeigen und um Ansprechpartner zu sein. Waren Sie denn bisher nicht präsent und nicht als Ansprechpartner vorhanden? Den konkreten Hintergrund verstehe ich noch nicht. Bin auch noch gar nicht im Thema da ich ja gestern abwesend war. Mir kommt der Plan etwas merkwürdig vor und ich fühle mich an Schulklasse und Lehrer erinnert. So soll es denn sein. Vielleicht ist es ja auch eine neue Maßnahme um Tätigkeit zu belegen. Da Frau Wegschau gekündigt hat und die Stellenausschreibung im Internet Ihre Runden dreht, kann das ja auch damit zu tun haben. Der Freitag verläuft wieder völlig ohne Highlights. Alle surfen vor sich hin und keinen störst. Ein neuer Name macht die Runde. Herr YYYYYYYYYYY ist ein neuer Ansprechpartner bei der Rentenversicherung. Arbeitet mit Herrn XXX zusammen und macht mehr die Betreuung der Einrichtungen. Er kommt bald zu Besuch und ich trage mich sofort zu einem Termin mit Ihm ein.

**Montag der 22.09.2014**

# MEGA-TOPKAPITEL!!!

Michaela ist wieder da. Aus der Krankheit zurück. Axel nimmt auch wieder teil. Vinyl sitzt neben mir und beschäftigt sich mit einem Ausdruck aus dem Internet. Inhalt des Ausdrucks: Erstellen eines Lebenslaufs. Das kann doch wohl nicht Ihr Ernst sein. Die ist länger hier als ich und dudelt mit Ihrem Lebenslauf rum. Schnell abhaken, nicht meine Baustelle. Michaela hatte einen Anruf von der Rentenversicherung. Ihr wurde nahegelegt die Maßnahme abzubrechen sollte sich Ihr psychischer Zustand nicht bessern. Auch geht es darum das Sie Ihre Fehlzeiten ausgereizt hat. Aber ich stelle fest dass es ihr wirklich nicht gut geht. Sie macht einen angeschlagenen Eindruck. Dann wird Sie auch noch von Frau Rotbach unter Druck gesetzt. Zitat vom heutigen Tage: DIE SCHULE bekommt Ärger wenn Sie nicht bald einen Praktikumsplatz haben. Da muss Sie jetzt durch, es stellt sich wieder heraus, dass dies hier eine Einzelkämpferaktion ist. Ich forsche mal wieder endlose Stellenanzeigen durch die das Internet mir so bietet. Nichts dabei, die unterschiedlichen Seiten bieten auch immer nur dieselben Stellen an. Dann kommen noch die Zeitarbeitsfirmen dazu. Ohne Ende. Ich bin auch nicht qualifiziert genug für die meisten Stellen. Frühstückspause erledigt.

Dann kommt der Hit des Tages. Der Praktikumsbesuch von Frau Wollent bei Axel. Da Axel ja definitiv kein Praktikum gemacht hat sondern sein Vereinskumpel aus Sasel das mit Ihm fingiert hat, musste für den Besuch von Frau Wollent erst einmal ein Arbeitsplatz eingerichtet werden. Dazu diente ein alter ausrangierter Schreibtisch. Dieser an die richtige Stelle gerückt, ein paar Aktenordner drauf und schon ist der Arbeitsplatz fertig. Hinzu kommt noch das angemessene Briefing der anwesenden Kollegen. Alles Eingeweihte. Also war Axel mal am Arbeitsplatz und alle erwarteten Frau Wollent. Diese gab dann im Gespräch auch zum Besten, einen schönen Arbeitsplatz haben Sie aber. Nichts gemerkt. Dann Spitzenleistung von Axels Chefkumpel! Er legt Frau Wollent nahe, er könne sich vorstellen, zukünftig mal wieder Praktikanten zu nehmen, allerdings hätte Axel die Messlatte schon recht hoch angesetzt. Gefundenes Fressen für Frau Wollent. Wittert Sie hier eine zukünftige Adresse zur Vermittlung von Praktikanten? Riesen Gelächter und Abklatschen aller Beteiligten nach Ende des Besuchs. Nur Frau Wollent hat nicht mitgefeiert. So hat Axel dann sein Praktikum zu Ende gebracht ohne auch nur einen Tag präsent gewesen zu sein. Feierabend.

**Dienstag der 23.09.2014**

08:00 Uhr! Laden halbwegs voll. Fred, Axel, Vinyl, Miriam(Sabbel), Margret und ich. Al Bundy hat erst einmal auf dem Gang einen der neuen Probanden über den Haufen gerannt. Dreht sich nicht einmal um, geschweige denn entschuldigt sich. Langsam merken auch andere Teilnehmer dass bei Ihm etwas nicht stimmt. Fred und ich machen uns Gedanken. Wie können wir die Weltherrschaft an uns reißen. Wird nix. Frühstückspause dann auch leidlich hinter uns gebracht. Monotonie!! Wieder ist gar nichts passiert. Wir sitzen den ganzen Tag rum. Alle surfen irgendwo rum. Miriam daddelt den ganzen Tag mit Ihrem Handy und lässt irgendwelche Blasen zerplatzen. Axel sitzt hinter mir und sacht nix. Außer das wir noch mächtig Spaß mit dem Besuch von Frau Wollent haben. Er hält aber auch gnadenlos mit nichts hinterm Berg. Vinyl hat heute auch einen zum Besten gegeben. In einem kurzen und sehr seltenen Nebensatz erzählt Sie tranig, Sie hätte sich bislang ja auch an so gut wie gar nichts beteiligt. Das solle Sie auch nicht. Komisch, ist hier noch niemandem aufgefallen. Seit Monaten versteckt Sie sich in der Gruppe im Schulungsraum und lebt dort in Ihrem eigenen Biotop. Vielleicht ist Sie glücklich! Michaela wurde wieder zum Gespräch geordert. Frau Rotbach legt Ihr nahe, Praktikum oder raus. Das ist aber nicht so freundlich wenn ich mir hier andere Kandidaten so ansehe. Bin mir immer noch nicht im Klaren, warum Frau Wollent bei Michaela einen solchen psychologischen Druck aufbaut, obwohl man doch merken sollte dass das nicht produktiv ist. Na ja, Psychoschule alleine bringt ja auch nichts. Ich bin heute nicht in der Laune, weitere Bewerbungen zu schreiben. Hab auch reichlich draußen. Leider kommen dem entsprechend nicht genug Antworten rein. Wenn überhaupt. Na ja, mal abwarten was noch so kommt.

**Mittwoch der 24.09.2014**

08:00 Uhr und der Laden ist voll. Die Gunst der Stunde wird von der Leitung genutzt. Was Fred und ich schon lange wissen, sollen jetzt alle erfahren. Frau Wegschau erklärt der versammelten Mannschaft das Sie gekündigt hat. Sie möchte gerne wieder im psychologischen, aktiven Dienst tätig werden. Ein Nachfolger werde gesucht. Nix neues. Plaut ist leider schon wieder krank und ein Ersatzprogramm wird wie immer nicht gestellt. Also sitzen wieder alle vor Ihren langsamen Kisten und dödeln vor sich hin. Die allgemeine Stimmung könnte schlechter nicht sein. Andrea teilt uns mit, dass Sie ab Montag eine feste Anstellung angenommen hat. Sie nimmt den Job bei der Kaffeerösterei an. Schlecht bezahlt, aber ich finde es klasse, dass Sie nicht lange rumsabbelt sondern handelt. Sie sagt selber das Sie hier nicht weiter kommt. Leider muss sie gleich einen Kneipenjob parallel annehmen um finanziell klar zu kommen. Ob das leidensgerechte Vermittlung ist? Trotzdem ‚alle Achtung Andrea!

**Donnerstag 25.09 und Freitag 26.09.2014**

Habe 2 Tage zuhause verbracht. Mir wurde am Donnerstag ein schön kariöser Weisheitszahn entfernt. Dicke Backen also und reichlich Ibu 400.

**Montag der 29.09.2014**

Heute ganz wenig zu erzählen. Blödsinn, wird ein Montag gewesen sein wie jeder andere auch. Problem ist nur das ich meinen Aufzeichnungszettel nicht finden kann. Also verbuchen wir Ihn doch einfach mal als erledigt. Wenn übrigens auffallen sollte das ich die Damen nie erwähne, liegt es einfach daran das ich Sie nie zu Gesicht bekomme. Nur bei der Morgendlichen Anmeldeprozedur. Und beim Abmelden natürlich. Ach ja, und natürlich wird ja jede Woche weiterhin die Muskelentspannung von der TK CD angeboten. Dazu schneit immer mal eine der Damen rein und fragt nach. Mich kümmerts wenig.

**Dienstag der 30.09.2014**

8:00 Uhr. Grundzüge des Tages wie gehabt. Fred hatte heute einen interessanten Termin beim Arbeitsamt. Scheint ganz zufrieden zu sein mit dem was Ihm angeboten wurde. Kommt in eine kleinere Gruppe zwecks individueller Vermittlung. Mal schauen was draus wird. Es geht das Gerücht, das Ghost aufgehört hat. Kann ich mir nicht vorstellen, aber Sie ist nicht da. Bei dem was hier immer so gesabbelt wird gebe ich erst mal gar nichts drauf. Axel treffe ich aufm Gang. Er hat einen Job. Als Disponent bei einer kleineren Spedition. Alle Achtung. Angeblich super Gehalt und Firmenwagen. Wenn das alles so stimmt wie er sagt, Gratulation. Witziger, schlauer Typ. Geht also auch ohne Praktikum, ha ha ha. Hat er verdient und in seinem Alter ja auch nicht mehr einfach. Die Sache startet in 14 Tagen. Aber bis dahin hat er natürlich keinen Bock mehr hier abzuhängen. Freistellung kriegt er nicht. Also wird mal schnell ein kurzes Praktikum erfunden. Diesmal, da bin ich mir sicher, wissen auch die Damen bescheid. Wozu soll er hier auch noch rumlungern. Er will sich das zuhause mal 14 Tage bequem machen. Seine Gartenlaube ist fertig. Alle anderen anwesenden lungern wieder rum. Silke ist auch mal wieder da, man sieht sie selten. Ist auch stiller geworden. Macht auch schon das dritte oder vierte Praktikum. Alle ohne Anstellungsperspektive. Ich frage mich welchen Sinn das macht. Sollte Sie sich nicht schwerpunktmäßig lieber auf Jobsuche begeben. Ihre Belastbarkeit etc. hat Sie doch nun bewiesen. Ich bin weiterhin kein Freund von endlosen Praktika auch wenn es sicherlich abwechslungsreicher und spannender ist als hier abzugammeln. Bringt bloß niemanden in Arbeit. Das ist schwer genug wie ich am eigenen Leib erfahre. Absagen, neu bewerben, absagen oder gar nichts hören……. Ich beneide Axel!

**Mittwoch 01.10.2014**

Access Tag mit Plaut. Erstaunlich, es beteiligen sich nur aktiv 2 Leute am Unterricht, aber er zieht es durch als würde er 100 Leute unterrichten. Hut ab Plaut, vor dieser Schmerzlosigkeit. So wird Deine Zukunft als Dozent bei DIE SCHULE jetzt immer aussehen. Aber alle Male besser als keinen Job. Das sei mal sicher. Wieder saß eine fremde Person im Saal. Jetzt reicht es mir. Ich gehe meine Klage vortragen. Frau Rotbach ist im Büro und hört sich an was ich zu sagen habe. Reha Maßnahme, Private Daten, Intimität usw. Ganz zu schweigen davon das Unruhe herrscht und private Sachen und Unterlagen ja auch nicht mehr sicher sind sollte man den Raum verlassen. Aber ich bin erstaunt. Frau Rotbach ist genau der gleichen Ansicht. Sie stört es genauso das auf unserer Etage Tag der offenen Tür herrscht. Sie findet mein Anliegen begründet und berechtigt. Hatte ein wenig den Anschein als hätte Sie schon drauf gewartet, dass mal eine Beschwerde von Seiten der Teilnehmer kommt. Sie nimmt sich der Sache an und wird es nach oben tragen. Komisch, bin ich immer der Einzige der mal den Mund aufmacht. Ohne Personal haben die Meisten eine große Klappe, aber mal sachlich etwas ansprechen, dazu scheinen wenige Probanden im Stande zu sein. Das wird mir langsam immer klarer. Der Tag vergeht wie jeder andere Nachmittag. Outlook ist auch eher einschläfernd.

**Donnerstag der 02.10.2014**

Mein erster Donnerstag unter Tagesbewachung durch das Personal. Wie angekündigt sitzt zukünftig immer donnerstags eine der 3 Damen bei uns im EDV Raum. Frau Wollent übernimmt die Frühschicht. Die Mittelschicht nach der Frühstückspause übernimmt dann Frau Mertens. Genutzt wird das Angebot nicht. Jedenfalls nicht heute. Die Stimmung im Raum ist eine ganz andere als sonst. Totenstille im Raum. Keiner gibt auch nur einen Mux von sich. Das gefällt mir nicht. Es stört auch nicht weiter das die Reihe vor mir allesamt irgendwo im Netz unterwegs ist. Zalando scheint wieder sehr beliebt zu sein. Womit sich die Damen vorne rege beschäftigt haben, keine Ahnung. Michaela neben mir haut in die Tasten. Tipp 10 scheint Ihre neue Lieblingsbeschäftigung zu sein. Das Wetter draußen, wie die Stimmung hier drinnen. Trübe! Der Tag vergeht, am Nachmittag ohne Kontrolle. Frau Rotbach, die dritte im Bunde hat Urlaub. Am Nachmittag sind eh alle in Wochenend- Stimmung. Morgen Feiertag.

**Freitag der 03.10.2014** TAG DER DEUTSCHEN EINHEIT

**Montag der 06.10.2014**

Ich habe einen Termin beim Arbeitsamt. Es geht um die Meldung zur Arbeit-Suche und um ein Formular zur Fortzahlung des Übergangsgeldes für 3 Monate. Das kann ich wohl in Anspruch nehmen da ich aus dem H4 Sumpf komme und keinen Anspruch mehr auf ALG I habe. Frühes Kommen sichert die besten Plätze und so bin ich auch relativ zügig dran. Werde von einer sehr freundlichen Dame aufgerufen und wir führen ein Beratungsgespräch auf angenehmer Ebene. Sie kennt die DIE SCHULE Schule gut und gibt mir den Rat die verbleibende Zeit gemütlich mit Jobsuche zu verbringen. Mehr kann ich von der DIE SCHULE Schule nicht erwarten. Das kann ich Ihr für zukünftige Besucher nur bestätigen. Ich erzähle Ihr dass ich den ganzen täglichen Ablauf eh nicht anders betrachte. Es ist ein EDV Arbeitsplatz den ich tagsüber nutze. Mehr nicht. Miserabel ausgestattet, in miserablen Räumlichkeiten usw. Sie bestätigt meine Schilderungen. Das hätte Sie schon öfters gehört. Wir verbleiben nachdem wir alle Unterlagen ausgefüllt haben bis zum 08.01.2015. Der Tag an dem ich mich arbeitslos melden muss. Von DIE SCHULE am Nachmittag gibt es nichts zu berichten. Öde öde öde.

**Dienstag der 07.10.2014**

Hab noch gar nicht weiter berichtet. Ghost ist immer noch irgendwie verschwunden. Ob Sie die Maßnahme beendet hat weiß keiner. Sie ist auf alle Fälle weg. Stört niemanden, niemand fragt nach, vielleicht hat Sie ja auch niemand wahrgenommen. Morgen bekommen wir Besuch von Herrn YYYYYYYYYYYY. Der neue Kollege bei der Rentenversicherung, zuständig für die Einrichtungen direkt. Fred und ich haben uns ja zu einem Gespräch angemeldet. Wir bereiten uns diesbezüglich vor. Fred hat schon mehrere Din A4 Seiten vorbereitet. Für Ihn ist es ja auch eine Art Abschlussgespräch. Meine Belange sind vorerst banaler. Ich möchte Ihn noch gerne kennen lernen und habe ein paar Fragen zu der zukünftigen Vorgehensweise. Blicken lassen hat sich heute, wie meistens niemand. Das Personal ist wohl auch damit beschäftigt sich auf den neuen Kollegen vorzubereiten. Ja ja, alles neu. Rentenversicherung und Nachfolger von Frau Wegschau. Da kommt schon Unruhe auf. Wegschaus Nachfolger steht noch nicht fest.

**Mittwoch der 08.10.2014**

Heute ist ein spannender Tag. Beginnen tut er natürlich wie gewohnt. Plaut kommt zu spät. Ich nehme bevor er erscheint wieder Wetten an, wann er definitiv mit seinem Unterricht beginnt. Also nicht wann er erscheint sondern wann er sagt, los geht's. Aber nachdem er erschienen ist, gibt er erst einmal zum Besten das vor 09:30 nicht mit dem Start zu rechnen sei. Er müsse da noch was vorbereiten. Zu meinem Erstaunen sind trotz dieser Aussage noch alle an der Wette beteiligten im Rennen. Denn niemand hätte tatsächlich vermutet dass er früher anfängt. Das dazu. Gewonnen hat letzten Endes Mike mit einer perfekten Landung. 10:20 Uhr war sein Tipp. So gegen 10:22 war Plaut am Start und hat mit seinem Access Programm gestartet. 3 Mann beteiligen sich. Das Outfit der Damen zollt dem Herrn von der RV Tribut. Alle haben sich schick gemacht! Ist ok, warum nicht, Sie kennen Ihn ja auch noch nicht und müssen DIE SCHULE repräsentieren. Fred und ich haben uns ja zum Gespräch angemeldet. Außerdem haben wir heute Nachmittag die Jobbörse am Flughafen. Da sind wir auch angemeldet. Aber da ich hier eh keine großen Hoffnungen habe (siehe Bericht Jobbörse erster Teil) ist es mir auch relativ egal das wir den ganzen Vormittag auf das Gespräch warten. Das Gespräch mit den Damen hat sich hingezogen. Die Messe haken Fred und ich erst mal ab. Gegen 13 Uhr ist es dann soweit. Nachdem auch Pam Ihren Termin wahrgenommen hat. Sie scheidet ja auch in Kürze. Ich gehe vor Fred rein und lerne Herrn YYYYYYYYYYY kennen. Sehr sympathischer Mann. Macht auf mich einen sehr realistischen Eindruck. Meine Fragen bezüglich der weiteren Vorgehensweise kann er mir klar beantworten. Sachlich und direkt, er redet nicht um Fakten herum, das ist nach meinem Geschmack. Dann kommen wir natürlich auf DIE SCHULE und die hier zu ertragenden Umstände zu sprechen. Er ist erst einen Monat im Amt und nimmt sich diesbezüglich auch komplett zurück. Hier muss ich auch sagen, dass ich nicht alles wiedergeben werde. Ich hatte Ihn darum gebeten das Dinge die wir besprechen unter uns bleiben. Daran werde ich mich auch weitestgehend halten. Eines möchte ich aber trotzdem erwähnen. Mit der personellen Besetzung bei DIE SCHULE und auch anderen Einrichtungen war er nicht glücklich. Es geht wie schon von mir beschrieben um das Alter und die Erfahrungen des Personals. Er hat leider keinen Einfluss drauf. Sonst wären mit Sicherheit schon mal erfahrenere und ältere Kräfte im Einsatz. Dass ich mit Sicherheit nicht zu Frau Wollent gehe wenn ich Rat brauche kann er gut verstehen. Es gibt halt wenige Männer, die von den Schulen kommen und in solche Berufe drängen. DIE SCHULE zählt seiner Meinung nach nicht zu den Top Gehaltszahlern, was ein weiteres Problem bezüglich der Personalfindung sein wird. Ich erzähle Ihm von meiner Dokumentation. Dem ist er nicht abgeneigt. Er empfiehlt mir diesbezüglich einen Lektor zu konsultieren. Er wird mir immer sympathischer. Er schätzt den

Arbeitsmarkt für den Rest des Jahres als eher negativ ein. Nach Durchsicht meiner Akquiseliste verbleiben wir so, dass ich einfach so weiter machen soll wie bisher. Mehr ist nicht drin. Ich bin mit dem geführten Gespräch sehr zufrieden. Keine Beschönigungen, keine falschen Tatsachen und eine realistische Einschätzung der Situation, gerade was die Leistungen der DIE SCHULE Schule angeht. DIE SCHULE gilt auch bei der Rentenversicherung als Billiganbieter. Soviel darf ich aus dem Gespräch wiedergeben.

**Donnerstag der 09.10.2014**

Donnerstag und das bedeutet, Lehrer sitzt vorne Tag. Frau Wollent hat eine neue Brille. Das war's dann auch. Wieder Wachablösung nach der Frühstückspause. Wieder diese unerträgliche Stimmung. Wieder redet keiner, kein privates Wort und das Angebot das jemand vom Personal im Raum sitzt wird auch nicht angenommen. Ich dachte schon ich bin so ein Grobklotz. So eine öde und depressive Stimmung hab ich hier selten erlebt. Das muss ich ansprechen. Den Nachmittag verbringe ich damit ein paar Geschehnisse schriftlich festzuhalten.

**Freitag der 10.10.2014**

Frau Mertens sitzt bei der Anmeldung alleine im Büro. Ich nutze die Gunst um die Donnerstags-Überwachung anzusprechen. Ich schildere Ihr wie ich die Situation empfinde. Sie ist etwas erstaunt, zeigt aber Verständnis für mein Anliegen. Fakt ist, weder Frau Mertens noch ich waren anwesend als der Donnerstagsplan beschlossen bzw. angekündigt wurde. Frau Mertens wird es nach der Urlaubswoche mal ansprechen. Ich werde mich bei den anderen Probanden mal gezielt zurück halten. Bin gespannt wie sich bei direkter Ansprache geäußert wird. Allerdings hat Frau Mertens einen guten Ansatz. Man könne die Aufsichtsperson ja auch im Kleinen Schulungsraum platzieren und wer Bedarf hat kann sich ja gerne dann da mit reinsetzen. Wäre eine Lösung. Wenn ansonsten keiner Traute hat, seinen donnerstags Eindruck zu schildern, werde ich mir ein Notebook schnappen und mich alleine in den Entspannungsraum zurückziehen.

**Montag 13.10.2014 bis Freitag den 17.10.2014**

Schließzeit bei der DIE SCHULE Schule wie es so schön heißt. Das bedeutet nichts anderes als der Laden ist zu und wir haben Ferien. Alle können es gut vertragen.

**Montag der 20.10.2014**

Es ist wieder so weit. Bin ganz gut erholt, hab zwar ein paar Tage im Seemannsheim ausgeholfen, das hat aber eher Spaß gemacht. In der DIE SCHULE Schule angekommen stelle ich zu meiner Freude fest dass Mike und ich heute die einzigen Probanden sind, welche den EDV Raum nutzen. Weiter niemand in Sicht. Wir unterhalten uns in angenehmer Weise. Die Zeit plätschert dahin, ich schreibe ein paar Seiten meines Tagebuchs nieder. Dann gesellt sich wieder irgendeine fremde Person dazu. Fragt nach einem freien Arbeitsplatz und will den nutzen. Aber irgendetwas ist heute anders. Nach 3 Minuten ist er wieder weg. Nach zehn Minuten erscheint Frau Mertens und sucht das Gespräch bezüglich des Fremdlings. Ihr passt es auch nicht in den Kram das hier wieder jeder meint unsere Räume nutzen zu können. Sie bezieht klar Stellung für mein Anliegen. Sie gibt uns auch freie Hand entsprechende Personen anzusprechen und Ihnen mitzuteilen, das hier nichts läuft. Danke Frau Mertens. Nachmittags ab 13:30 Uhr pennt Mike hinter mir ein. Macht nix. Von anderen Probanden hab ich heute nix gesehen. Ob Englisch war, keine Ahnung. Ach ja, Plaut soll diese Woche mal wieder nicht anwesend sein. Krank oder nicht krank, wer weiß das schon so genau. Und so vergeht der erste Tag nach der Schließzeit. Ach ja noch zur Info, mein Weggefährte Fred ist ja raus und Michaela hat heute Ihr Zwangspraktikum begonnen. Bei einer Freundin in einer Schneiderei. Bahnt sich da etwa ein Axel, zweiter Teil an. Ist hier auch allen Wurst denke ich, Hauptsache man hat Sie in einem Praktikum untergebracht Und so steuern der immer noch schlafende Mike und ich dem Feierabend zu. Ich denke ich wecke Ihn wenn ich gehe.

**Dienstag der 21.10.2014**

Wieder so ein einsamer Tag. Wir sind zu dritt. Sabbel(Miriam) hat sich zu uns gesellt. Kurzweiliger wird es dadurch allerdings auch nicht. Vormittag war schleppend. Nach maximal einer Stunde war ich mit Stellenangeboten durch. Hab eine Einladung erhalten. Louis Motorradshop Hammerbrook. Da werde ich mich mal schön schlau machen was den Laden angeht. Nächste Woche Donnerstag geht's los. 15:00 Uhr. Keine Ahnung ob das ein leidensgerechter Job für mich wäre. Das entscheidet sicherlich am Ende die Krankenkasse. Schauen wir mal. Mittagspause und Nachmittag gehen gleichsam langweilig ineinander über. Feierabend.

**Mittwoch der 22.10.2014**

Regentag!! Hat schon den ganzen Morgen gegossen. Das Wetter färbt auf die Stimmung ab, oder ist das Wetter manipulierbar?? Wir sind wieder eine Person mehr geworden. Tom hat sich zu uns gesellt. Wo ist eigentlich dieser Andreas abgeblieben. Der würde hier eventuell etwas Unterhaltung reinbringen. Trockener Humor fehlt hier ein wenig. Bin nach einer Stunde schon wieder fertig. Jobbörsen durch. Mehr Angebote kann ich mir nicht schnitzen. Wäre alles von zuhause aus machbar. Aber für die Finanzierung des Jahres habe ich mich offiziell schon bei Herrn YYYYYYYYYYY an seinem Besuchstermin bedankt. Den Nachmittag über schwätzen wir. Wenigstens das. Habe große Befürchtungen was morgen angeht. Mike macht Werbungstag, Tom wieder im Praktikum und Sabbel bereitet irgendwas von. Ich glaube ich bin hier morgen alleine. Habe gerade erfahren dass die anderen schon Fragebögen von der Rentenversicherung erhalten haben in denen Sie die Maßnahme beurteilen sollen. Ich noch nicht. Warum nicht. Aber an meinem Fragebogen arbeite ich ja gerade. Meine Mitprobanden machen sich tatsächlich sorgen diese auszufüllen. Ist das denn auch anonym?? Was für Weicheier.

**Donnersteg der 23.10.2014**

Alleine im Raum. Wusste ich ja gestern schon. Aber nein, plötzlich schwingt die Tür auf und Silke betritt den Raum. Ihr Praktikum ist beendet. Das ist auch eine gute Sache so. Sie macht den ganzen Tag etwas kurzweiliger. Wir Kreuzworträtseln ein wenig. Kuchen hat Sie auch dabei. Das Praktikum das Sie gemacht hat war auch ohne Stellenaussicht. Na was solls, Sie hat wenigstens sinnvoll die Zeit genutzt. Jetzt wird Sie wohl bis zum Ende also Januar hier bleiben. Der Tag ist dank Ihrer Hilfe vergangen.

**Freitag der 24.10.2014**

Hurra wieder ist es Freitag. Heute wieder zu dritt. Mike ist wieder da. Hat gestern wohl seinen Akquise Tag genutzt und fleißig Flyer verteilt. Silke spielt mit Ihrem Handy und ich kümmere mich schon um Montag. Stepstone gibt zwei Sachen her die vielleicht interessant sein könnten. Schauen wir mal. Außerdem, will ich nächste Woche auf die Hanseboot und ein paar Mappen verteilen. Hamburger Schiffsausstatter interessieren mich. Verkauf von Equipment wäre für mich interessant. Ansonsten geht's mal wieder gemächlich ins Wochenende.

**Montag der 27.10.2014**

Ein öder Montag wie jeder seit langem. Es passiert ja wieder nichts und es wird ja auch seit Monaten nichts angeboten. Ausnahme die Entspannungsübung von der CD. Hat auch noch keiner versucht das mal selber zu lernen. Oder eine neue CD wäre ja auch toll. Das Angebot wird auch nur noch selten angenommen. Silke ist auch da. Sie spielt wie gewohnt mit Ihrem Handy rum. Was soll Sie denn auch sonst machen. Ich habe mir heute drei komplette Bewerbungsmappen fertiggestellt. Die gehen diese Woche mit zur Hanseboot. Dann hab ich mir noch eine schöne Laufroute für die Messe erstellt. Die drei interessantesten Adressen nach vorne. Habe mich bei den drei Firmen mal völlig unverbindlich via Mail für den Donnerstag auf deren Messestand angekündigt. Hilft vielleicht.

**Dienstag der 28.10.14**

2 Stunden bei Axel, dem Zahnarzt meines Vertrauens auf dem Stuhl zugebracht. Alte Brücke raus, kariöse Stellen bekämpfen,

157

Abdrücke machen und Provisorium einsetzen. Das war eine harte Sitzung. Dicke Backen und da ich mich nicht wohl fühle schreibt Axel mich für den Rest des Tages krank. Weiter geht's am 11.11.14, da ist Einsetztermin

**Mittwoch der 29.10.2014**

Heute ist wieder nichts vorgefallen. Bin mit Tom alleine. Plaut gesellt sich dazu. Ach ja, wir haben ja einen halben Computertag. Was soll ich noch machen, habe keine Fragen. Bis 11:00 Uhr haben wir trotzdem einen angenehmen Tag. Es entwickelt sich bis dahin privater Smalltalk. Gut so. Dann haben wir bis Mittag kurz noch das Thema Kassenbuch angerissen, obwohl Silke das ja machen wollte. Die ist heute aber gar nicht da. Wen interessiert es schon. Zu Mittag fahre ich ins Seemannsheim rüber. Dienstplan besprechen bzw. kurz mal schauen ob es neue Schichten für mich gibt. Frau Schmidt ist vor Ort und wir schnacken kurz alles durch. Anmelden ist vom Tisch. Auch hat Sie die neue kostenlose Praktikantin noch. Die übernimmt erst mal ein paar Schichten.

**Donnerstag der 30.10.2014**

Akquise Tag auf der Hanseboot Hamburg. Bin natürlich pünktlich vor Ort. Was auch sonst. Die Messe öffnet Ihre Tore und ich habe erwartet dass es voller ist. Ganz entspannt. Ich mache mich auf den Weg zu den angepeilten Ausstellern. Von meiner Ankündigung via Internet weis hier keiner was. Das Messepersonal ist auch dünn besetzt. Ich habe auch das Gefühl das die Leute nicht so motiviert sind. Ich hinterlasse also meine Mappen und vertraue auf Gott. Den Rest des Tages verbringe ich damit andere Messestände zu besuchen. Eher als Privatvergnügen zu sehen, da das hier schon mein Thema ist. Denke das war auch allen soweit klar dass ich das Angenehme auch mitnehme. Gegen 15:00, reiner Zufall, verlasse ich die Messe. Guter Tag, auch super mal rauszukommen.

**Freitag der 31.10.2014**

Etwas voller im Saal. Sabbel ist da, andere auch. Bin also nicht ganz alleine. Aber dann verlassen Sie mich doch. Sie machen drüben bei Plaut mit. Mal wieder Word für Anfänger. Also komme ich erst nach der Mittagspause in den Genuss von Mitprobanden. Aber auch egal. Freue mich auf das Wochenende. Nix wie raus hier. Habe langsam das Gefühl hier eingesperrt zu sein. Erinnert mich ein wenig an Bürozeiten ohne Außendienst, da habe ich mich auch immer sehr eingeengt gefühlt.

**Montag der 03.11.2014**

Gar nichts los. Bis Mittag rumgeeiert. Mürthe ist mal wieder da. Wir schnacken erst einmal ein wenig über Ihre Praktikumserfahrungen. Macht Spaß sagt Sie. Bis Mittag machen wir nichts. Bis auf ein kurzes Praktikumsgespräch das Michaela führt. Nach der Mittagspause startet Frau Mertens ein neues Projekt. Zeitmanagement heißt es. Heute soll Einführung sein. Das lasse ich mir nicht nehmen. Alles ok. Soll jetzt wohl auch fortgeführt werden. Meinetwegen gerne. Pünktlich Feierabend.

**Dienstag der 04.11.2014**

Beginne den Tag wie gewohnt alleine im EDV Raum. Spiele mit dem Gedanken hier mal was zu verschönern. Ein paar Poster vielleicht. Ich denke da so etwa an einen Bravo Starschnitt von Kim Wilde oder Debbie Harry. Na ja das sind Träume. Stattdessen hängen hier seit Monaten schon völlig vergilbte Arbeitsblätter an der Wand, auf die eh niemand schaut. Ist ja im Moment auch keiner mehr da. Ha ha. Frau Rotbach erkundigt sich nach meinem Wohlbefinden. Erkläre Ihr wie schön es ist, hier alleine zu sitzen. Weg ist Sie wieder. Dann taucht noch eine junge Frau auf die anfängt hinter mir EDV Tätigkeiten zu starten. Wieder eine Fremde Person. Ich lasse Sie entfernen. Das funktioniert mittlerweile hervorragend. Feierabend.

**Mittwoch der 05.11.2014**

Wir haben wieder EDV mit Plaut. Ich bin eh durch damit. Ab und an hab ich nochmal eine EDV Frage, aber das ist dann eher privater Natur. Sabbel schreibt eine Bewerbung. Die gehen wir dann mal durch. Silke surft bei Amazon. Was Tom hinter mir so macht, keine Ahnung. Plaut beschäftigt sich auch alleine. Ab und an hat jemand mal ne EDV Frage. Dann ist Plaut auch sofort am Start. Wir quatschen wieder alle gemeinsam über Gott und die Welt. Und schon ist der Feierabend erreicht. Wieder ein nutzloser Tag.

**Donnerstag der 06.11.2014**

Silke und ich sind wieder alleine. Da Lenin mittlerweile die Probanden ausgehen, erteilt er Silke Privatunterricht. Egal, ob er nun 10 Leute da hat oder eine Person. Bezahlt kriegt er doch das gleiche. Nehme ich mal stark an. Ich habe heute noch ein paar Bewerbungen rausgehauen. Mein Zeitmanagement hat funktioniert. Material hatte ich die Woche über zusammengetragen. Warten wir es ab. Feierabend

**Freitag der 07.11.2014**

Wieder ein Freitag der schwach beginnt, öder verläuft und Trostlos endet. Heute ist garnix los. Silke vermisst Ihren USB Stick den Sie nach einer halben Stunde wiederfindet. Das war auch schon alles. Ich bin etwas bei eBay Kleinanzeige Jobs unterwegs und nebenbei auch privat. Hab in der Zeitung den neuen Max Kalender 2015 entdeckt. Den will ich haben. Das ist das Beste des Tages. Mittagspause hab ich eine Runde um Block gedreht. Das war ok. Silke ist erst mal für 3 Stunden weg. Hat Versehentlich einen Schlüssel mitgenommen, den Sie jetzt zurückbringen muss.

**Montag der 10.11.2014**

Es ist mal wieder Montag. Heute wird sich hier nicht viel abspielen. Ich brauche neues Adressmaterial. Also begebe ich mich in die spannende Welt der Jobbörsen.

| | | | | |
|---|---|---|---|---|
| | Allianz Kfz Versicherung<br>Werbung | In 30 Sek. Beitrag berechnen & bis zu 300€ sparen.<br>Wechseln Sie jetzt bis zum 30.11. zur günstigen Kfz Versicherung der Allianz. Jetzt w... | | |
| ☐ ● | YOURCAREERGROUP GmbH | Neue Jobs bei HOTELCAREER HOTELCAREER Jobfinder Do. 13.11.2014 Wir haben 2 n | | 7:39 |
| ☐ ● | noreply_Axel Springer Recruit | 1. Erinnerung Lieber Herr Meier, vielen Dank für Ihre Registrierung in unserem Karrier | | 7:19 |
| ☐ ● | StepStone - Jobagent | 13 neue Stellenangebote bei StepStone Wir haben 13 neue Stellenangebote gefund | | 6:50 |
| ☐ ● | StepStone - Jobagent | Ein neues Stellenangebot bei StepStone Wir haben ein neues Stellenangebot gefund | | 6:47 |
| ☐ ● | StepStone - Jobagent | 4 neue Stellenangebote bei StepStone Wir haben 4 neue Stellenangebote gefunden | | 6:22 |
| ☐ ● | StepStone - Jobagent | 50 neue Stellenangebote bei StepStone Wir haben 50 neue Stellenangebote gefund | | 6:05 |
| ☐ ● | Indeed Job-Email | 2 neue Hausmeister Jobs in Hamburg Hausmeister Jobs - Hamburg Veröffentlichen | | 6:05 |
| ☐ ● | Indeed Job-Email | 7 neue Hafen Jobs in Hamburg Hafen Jobs - Hamburg Veröffentlichen Sie Ihre Lei | | 6:05 |
| ☐ ● | Indeed Job-Email | Mehr als 30 neue Aushilfe Jobs in Hamburg Aushilfe Jobs - Hamburg Finden Sie Job | | 6:05 |
| ☐ ● | StepStone - Jobagent | 2 neue Teilzeitarbeit Jobs Teilzeitarbeit Jobs veröffentlichen Sie Ihren Lebenslauf au | | 6:03 |
| ☐ ● | Indeed Job-Email | 7 neue Teilzeitarbeit Jobs Teilzeitarbeit Jobs veröffentlichen Sie Ihren Lebenslauf au | | 6:03 |
| ☐ ● | Indeed Job-Email | 3 neue Erzieher Jobs in Hamburg Erzieher Jobs - Hamburg Finden Sie Jobs mit Ihrem | | 6:03 |
| ☐ ● | Indeed Job-Email | 1 neuer auslieferungsfahrer Job in Hamburg auslieferungsfahrer Jobs - Hamburg Fi | | 6:03 |
| ☐ | Jobrapido | 10+ neue offene Stellen für Sie Neue Stellenangebote Teilzeit/Hamburg - 15 km Mehr | | 1:46 |

Suchkriterien habe ich mittlerweile ja genug eingebgeben. Hier ein kleiner Auszug wie man sich an die Jobbörsen herantasten kann. Aber leider ist das alles gar nicht so einfach. Viele dieser oben genannten Anbieter haben natürlich das gleiche Adressmaterial. Das bedeutet häufiges doppelt lesen aller Angebote. Außerdem sind die Angebote häufig recht unsortiert, nein eher falsch zugeordnet. So habe ich z.B. ein Suchkriterium **Vertriebs-Innendienst** eingerichtet. Die erste Stelle die mir angeboten wird, heißt dann ganz deutlich **Vertriebsmitarbeiter im Außendienst**. Da haut also einiges nicht hin. Im Großen und Ganzen kann man sich aber eine Menge anzeigen lassen. Was dann auf einen passt, ist allerdings recht ernüchternd. Habe mich zu dem Thema Quereinsteiger etc. ja schon ausgelassen. Wenn nach Sichtung der Angebote zwei bis drei Stellen übrig bleiben auf die es Sinn macht sich zu bewerben, dann ist das große Klasse. So ist es auch heute wieder gewesen. Habe mein Material zusammengetragen und meine Bewerbungen rausgesandt. Weiter war der heutige Montag wieder ereignislos. Ich hatte noch auf die Fortführung des Themas Zeitmanagement gewartet, fand aber nicht statt. Warum, keine Ahnung, wahrscheinlich weil Frau Mertens heute alleine war. Vielleicht geht's ja weiter.

**Dienstag der .11.11.2014**

Heute Zahnarzttermin Axel. Brücke einsetzen. Ich gehe davon aus, das es schnell und schmerzlos geht. Leider Irrtum. Axel hat mich überredet das Einsetzen der Brücke ohne Betäubung vorzunehmen. Besser als 5 Stunden mit einer betäubten Birne rumzulaufen. Scheint plausibel, also lasse ich mich drauf ein. Tut nur einmal ganz kurz weh sagt er. Leider hat er mir vor dem Einsetzen nicht gesagt wie sehr es einmal kurz wehtut. Es war der Horror. Hinterher hat er mir erklärt es ist der Prozess der Verbindung des Zementes und des Zahnes, welcher durch eine spezielle Säure unterstützt wird. Das tut einmal kurz weh. Danke Axel. Dann rüber zu DIE SCHULE. Hier hab ich nichts mehr gemacht. War auch ganz alleine. Andere Probanden Fehlanzeige.

**Mittwoch der 12.11.2014**

**KLEINES TOPKAPITEL!!!**
**Der Reha Raum ist keine öffentliche Bedürfnisanstalt!!!**

Der Mittwoch, Plaut Tag. Ich starte erst einmal mit Material das ich mir rausgesucht hatte und mache zwei Bewerbungen fertig. Neben mir sind noch Silke, Tom und Sabbel anwesend. Plaut wird nicht gefordert. Er sitzt vorne und wartet dass Ihn jemand anspricht. Das mache ich dann irgendwann und frage was wir denn so machen. Ihm war klar, dass ich der Erste bin der Ihn anspricht. Da von den anderen Teilnehmern keine Resonanz kommt, ich Word für Anfänger die Zwanzigste nicht brauche, entscheide ich mich für ein paar Excel Aufgaben die Plaut mir bereitwillig zur Verfügung stellt. Kann nicht schaden, hab selber das meiste schon wieder vergessen. Also mache ich bis zum Mittag ein paar Formeln. Dann startet wieder die fremde Leute im Raum Prozedur. Frau Rotbach steht im Raum und kündigt an es würden jetzt mehrere Plätze benötigt werden, da Platznot herrscht. Also sollen wieder Fremde mit uns Reha Teilnehmern zusammen sitzen. Da ich der Diskussion müde bin, erkläre ich meine Bewerbungsaktivitäten damit für beendet. Das erzeugt Verwirrung. Frau Rotbach zieht von dannen. Erst einmal passiert Gar nichts. Da ich mit der Situation nicht zufrieden bin, suche ich erneut das Gespräch mit Frau Rotbach. Unter vier Augen. Es ist wieder die gleiche Diskussion. Kommt jetzt auch noch hinzu, das DIE SCHULE nicht genügend räumliche Kapazität hat. Es werden mehr Teilnehmer aufgenommen als Platz ist. Das sind ganz klar wirtschaftliche Interessen, die zu Lasten der Reha Teilnehmer gehen. Außerdem würde ja nichts dagegen sprechen die Teilnehmer der Gruppe 2 mit in den EDV Raum zu setzen. Aber da bekommt die ganze Angelegenheit ja wieder einen Haken auf den mich meine Frau gebracht hat. Wenn der hintere Raum leer wäre, hätte DIE SCHULE einen ganzen Raum frei. Allerdings dann auch das Getrappel der fremden Personen vor der Tür der Damen. Ha ha. Da haben wir den Haken. Da haben die Damen auch keinen Bock drauf. Also, ich werde weiter drauf beharren dass wir einen angemessenen Raum zur Verfügung haben. Wir haben hier eine Reha Maßnahme mit Menschen die alle ein gesundheitliches Problem mitbringen und leidensgerecht wieder an das Arbeitsleben herangeführt werden sollen. Auch soll ein leidensgerechter Arbeitsplatz gefunden werden. Für das Zweite ist offen sichtlich jeder selbst verantwortlich, aber für die Umgebung ist DIE SCHULE und nicht zuletzt das Personal verantwortlich, welches einen klaren Auftrag von der Rentenversicherung erhalten hat. Leider wird hier für nichts davon gesorgt. Dann ein weiterer Höhepunkt des Tages. Nachdem man trotz Diskussion eine maßnahmefremde Person, direkt neben mir platziert hat geht irgendwann die Tür auf. Eine mir visuell bekannte Frau betritt den Raum. Dozentin oder so. Gehört auf alle Fälle irgendwie zum Lehrkörper. Ohne sich vorzustellen platzt Sie heraus und fragt in die Runde, was das hier für ein Raum ist? Und, was wir für ein Kurs sind? Sie hätte hier ein paar Teilnehmer aber keinen Raum. Bevor Sie weiterplappern kann, unterbreche ich Sie und teile Ihr mit, Sie solle Ihre Bedürfnisse bitte bei unserer Leitung anmelden. Hier ist geschlossene Gesellschaft. Ihre dummerhafte Frage nach dem Grund beantworte ich mit dem Wort Interessenkonflikt.

**Donnerstag der 13.11.2014**

Das Topkapitel geht in die zweite Runde!!!

Der Morgen beginnt ruhig und entspannt. Bin alleine obwohl Silke anwesend sein sollte. Sie kommt auch noch, hat verschlafen. Herr von Ast, der EDV Beauftragte der Maßnahme, ist im Raum.

Er beginnt auf den Rechnern eine Spracherkennung zu installieren. Uns war schon gestern angekündigt worden, dass der Raum heute ab 14:30 Uhr für einen Sprachtest anderer DIE SCHULE Teilnehmer benötigt wird. Damit hatten wir uns ja auch schon angefreundet. Ab 14:30 also raumlos. Also beschäftigen wir uns am Vormittag erst einmal mit dem Bewerbungsthema. Bis zur Mittagspause alles gut. Dann geht es wieder los. Um 13:00 Uhr platzt eine mir nicht bekannte weibliche Person in den Raum. Sie fragt nach was wir denn hier im Raum machen. Mir reicht's. Ich teile Ihr mit das es sich gehört, sich erst einmal vorzustellen wenn man einen Raum betritt und anwesende Personen direkt anspricht. Das nimmt Sie hin und stellt sich als Leitung der Deutschkurse 3 Stock vor. Sie benötige den Raum jetzt für Ihre Prüfung. Ich teile Ihr mit, das Sie für 14:30 angekündigt sei und wir hier noch beschäftigt sind. Sie fragt nach, wer wir denn überhaupt seien und was wir hier machen. Ich muss mich wieder erklären. Reha Teilnehmer, Integration ins Arbeitsleben etc. Auch teile ich Ihr mit das es sich hier um eine geschlossene Gruppe handelt, nicht um irgendeinen Word-Kurs für Anfänger oder Häkelkurs. Das interessiert Sie nicht. Vielmehr entgegnet Sie mir mit einem extrem unterschwelligen Ton wie leid es Ihr täte das wir hier seien und gestört werden. Dann die finale Aussage, wenn der Raum von DIE SCHULE benötigt wird, dann wird er eben genutzt, ohne Rücksicht auf Verluste. Diese Verluste wären dann wohl wir. Da ich keine Lust habe mich weiter mit der *kommandierenden Aufseherin* auseinander zu setzen, halte ich den Mund. Ich habe aber sofort entschieden, dass hier Handlungsbedarf herrscht. Um 14 Ihr verlassen Silke und ich den EDV Raum und setzen uns in den Entspannungsraum. Hier verbringen wir eine Stunde plaudernd und Kreuzworträtselnd. Zu Hause angekommen, setze ich meinen Vorsatz in die Realität um und erstelle ein Anschreiben an die Rentenversicherung. In meiner A4 Version dieser Dokumentation ist es enthalten. Kann jederzeit angefordert werden. Hier war kein Platz mehr dafür. Habe es ja auch nicht abgesandt, da sich schlagartig Besserung zeigte, nachdem ich angekündigt habe es zu versenden. Soweit so gut. Da ich aber Frau Mertens und Frau Rotbach diesbezüglich nochmals die Möglichkeit geben möchte sich zu äußern, hebe ich mir das Absenden erst einmal auf. Mehr dazu morgen, nehme ich an.

**Freitag der 14.11.2014**

Pünktlich wie die Maurer erscheine ich im Büro. Frau Mertens ist da. Nach Ihrer Frage wie es mir geht, teile ich Ihr mit das meine Motivation auf dem absoluten Nullpunkt ist. Deshalb bitte ich Frau Mertens zum Gespräch. Halbe Stunde später setzen wir uns zusammen. Ich schildere Frau Mertens meine bzw. unsere Situation wie sie sich momentan darstellt. Da ich vergangene Woche schon ein Gespräch mit Frau Rotbach geführt habe, kläre ich erst einmal ob die zwei sich abgeglichen haben. Dem ist so. Frau Mertens hatte mir im Büro schon mitgeteilt, das Sie dabei sei, eine Mitteilung an die DIE SCHULE Leitung zu senden. Ich teile Ihr mit, das ich davor bin eine Mitteilung an die Rentenversicherung zu schreiben. Wir gleichen uns ab und stellen fest dass wir die gleichen Interessen haben. Frau Mertens und Kollegen sehen sich auch nicht mehr in der Lage Ihren Job zu machen. Auftrag und gesetzte Ziele können Sie momentan nicht erfüllen. Nach Schilderung der Vorgänge der vergangenen Tage entweicht Frau Mertens ein, jetzt reicht's. Das nehme ich Ihr ab. Ich stelle aber klar dass ich mein Anschreiben fertig habe und es eigentlich gerne absenden würde. Schuldfrage der Situation ist natürlich nicht bei Frau Mertens etc. zu suchen. Ein paar Stufen höher wird angesetzt. Meine Beschwerdekette sagt mir ganz klar, dass ich mich an die Rentenversicherung wenden muss. So verbleiben wir. Frau Mertens bittet mich die kommende Woche abzuwarten. Danach sei Sie klar auf meiner Seite wenn ich meine Interessen vertrete. Warten wir es ab. Sie bedankt sich für das offene Gespräch. Ich mich auch. Den Rest des Tages verbringe ich wieder im EDV Raum. Heute sitzen die anderen vier Probanden aus Gruppe zwei mit im Raum. Plaut zieht hier seinen Unterricht Excel für Anfänger durch. Das ist nicht annähernd so störend oder unangenehm wie fließender Fremdverkehr. Bin abgelenkt und mir gehen ganz andere Dinge durch den Kopf als jetzt Bewerbungen rauszusenden. Mache ich auch nicht. Ich hoffe, dass gleich Wochenende ist.

**Montag der 17.11.2014**

8:00 Uhr. Silke und Tom sind erst einmal anwesend. Michaela wird irgendwann später dazu stoßen. Bezüglich der Gespräche vom Donnerstag und Freitag habe ich bis zum Nachmittag nichts gehört. Aber man sieht die Damen ja wie gewohnt auch nie. Nur kurz mal den Kopf von Frau Rotbach ob jemand Entspannungsübungen mitmachen möchte. Immer noch keine neue CD im Angebot. Ich schlage die Zeit mit 2 Bewerbungen tot. Und habe einen Bewerbungstermin kommende Woche beim ZZZ Hotel reinbekommen. Ansprechpartner hatte mir am Freitagnachmittag auf den AB gesprochen. Nach meinem Rückruf war Sie leider für eine Woche im Urlaub. Also Termin ab 22.11.14. Tom ist auch etwas desillusioniert, den Job bei Gericht hat er nicht erhalten und jetzt sitzt er hier wieder rum. Silke hat es zu meinem Erstaunen immer noch nicht geschafft eine einfache Akquise Liste zu erstellen. Ich merke langsam dass mir auch die ehemals sympathischen Leidensgenossen anfangen auf den Sack zu gehen. Keine Ahnung woran es liegt aber es ist so. Vielleicht ist die ganze Maßnahme auch etwas zu lang. Bei einem halben Jahr wäre jeder verpflichtet mehr Gas zu geben. Aber eine Kontrolle findet ja zurzeit auch nicht mehr statt. Heute ist noch gar keine Unterbrechung gewesen. Keine Schüler die nen Platz brauchen, keine Dozenten die Platz suchen weil sie keinen haben. Ob das die Auswirkungen meiner Intervention ist.

**Dienstag der 18.11.2014**

Bin mal wieder um 8 Uhr anwesend. Gähn. Bin gespannt, denn heute ist Tag 2 nach der Alarmierung des Personals. Und schon kommt Bewegung in den Saal. Die eigentlich dritte Gruppe kommt aus Ihrem kleinen Schulungsraum hinter dem Büro mit in den EDV Raum. Die Gruppe besteht ja aus 4 Personen. Anja und

Hans hab ich mir gemerkt, die anderen krieg ich auch noch drauf. Andreas, der etwas ältere Kollege ist auch wieder dabei. Ich hatte mich ja vor einiger Zeit mal nach seinem Wohlbefinden erkundigt und verständlicherweise keine detaillierte Antwort erhalten. Es geht Ihm soweit ganz gut sagt er. Es war wohl etwas in seinem familiären Umfeld passiert. Erfreulich ist, das die mangelhafte Hardware, sprich viel zu langsame Rechner sofort Gesprächsthema bei den neuen Kollegen im Raum sind. Das unterstreicht natürlich unsere seit langem vorherrschende Meinung über das Inventar. Einem Probanden reicht es sofort. Er setzt sich in Bewegung und erscheint nach kurzer Zeit mit einem Notebook unterm Arm. Damit lässt es sich deutlich schneller arbeiten. Die anderen 11 stationären Rechner entsprechen alle der langsamen Version. Habe schon mal nachgefragt ob man da nicht ein wenig nachrüsten kann, aber die einzige Chance wäre noch zusätzlicher Arbeitsspeicher. Der lässt sich allerdings nicht installieren. Es sind auf den alten Boards nur 2 Steckplätze vorhanden. Außerdem ist heutzutage der Neukauf meist günstiger als die Aufrüstung. Ansonsten daddeln alle Anwesenden so vor sich hin. Was ich mitkriege, Handy und PC Spiele liegen wieder vorne. Silke wird es auch heute wieder nicht schaffen sich eine anständige Akquise Liste zu erstellen. Da Sie mit meiner Hilfe nicht mehr zu rechnen hat, wendet Sie sich anderen Personen zu. Das hat zur Folge, das Sie sich umsetzt. Jetzt hat Sie sich den Kollegen Navi ausgesucht. Mal schauen wie weit seine Geduld reichen wird. Vorher gibt Sie aber noch einen zum Besten. Nach fast einem Jahr Anwesenheit hier in der Maßnahme, fragt Sie mich tatsächlich was Sie denn mit der Akquise Liste machen soll und wem Sie die Liste denn überhaupt zeigen soll. Ich krieg ne Kriese. Ich erläutere Ihr, dass Sie das doch wohl eher bei den Damen erfragen solle. Weiß ich doch nicht, was Sie von Ihr sehen wollen. Bisher ja wohl eher nix. Denke das war ausschlaggebend für Sie den Platz zu wechseln. Aber das ist hier eben so. Gegen 15:00 Uhr ist es wieder soweit. Feierabend

**Mittwoch der 19.11.2014**

8:00 Uhr EDV Raum

**Anja sagt: Machen wir heute mal nichts!
Hans antwortet: Also wie immer!**

So beginnt der Tag. Und das interessante an der ganzen Angelegenheit ist, das dieses Kurzgespräch leider absolut dem entspricht, was sich hier heute abspielen wird. Auf alle Fälle hinsichtlich sinnvoller Akquise Tätigkeiten. Trotzdem ist heute wieder volles Haus. Die neuen Kollegen scheinen jetzt als Schutzwall gegen Reha fremde Individuen installiert worden zu sein. Das funktioniert offenbar einwandfrei. Ich betrachte den Punkt als erledigt.

*Dann passiert noch folgendes: Unser Kollege Navi ist ja seit vergangenem Montag wieder anwesend, nachdem er seine 8 Wochen Praktikum als Hausmeister bei der Staatsanwaltschaft absolviert hat. Offensichtlich auch mit Erfolg wie er mir bestätigt. Er zufrieden, Staatsanwaltschaft zufrieden. Ziel war es ja gewesen dem Kollegen einen festen Arbeitsplatz zu besorgen, was Ihm auch während des Praktikums avisiert wurde. Erst zum Ende hin wurde Ihm mitgeteilt, das es gar keine Stelle gibt. Jedenfalls zurzeit nicht. Es ist vielmehr die Rede davon, dass es eventuell mal eine Stelle geben wird, aber erst dann wenn eine nicht näher bezeichnete Person in Rente geht. So, damit ist unserem Kollegen nicht geholfen, welcher sich ja nicht unbegründet Hoffnung auf einen festen Arbeitsplatz gemacht hat. Die Enttäuschung ist erst einmal groß. Aber um der ganzen Sache jetzt noch die Krone aufzusetzen, gehen sie hier noch einen Schritt weiter. Hans, Proband aus Gruppe drei erzählt heute, drei Tage nachdem Kollege Navi seine Enttäuschung entgegen genommen hat, dass die Damen Ihm einen Praktikumsplatz nahegelegt haben. Zu unser aller Erstaune handelt es sich um genau den gleichen Platz, den Kollege Navi gerade eben erst geräumt hat. Erstens wird hier für Hans auch nichts zu holen sein, zweitens aber, wie respektlos ist es gegenüber Navi. Der hat vielleicht immer noch Hoffnung auf den vielleicht irgendwann frei werdenden Arbeitsplatz. Aber schon wird der nächste Praktikant auf die Stelle angesetzt. Wer weiß wer weiß, vielleicht ist der Hans ja ein Wunderknabe und schnappt dem Navi den Platz jetzt auch noch weg. Das meine Damen, war recht unsensibel gehandelt. Mensch Mensch, haben Sie immer noch nicht erkannt das hier einige Kollegen mittlerweile auf dem nervlichen Zahnfleisch balancieren.*

Ach ja, da war doch noch etwas. Nebenbei war ja auch der Plaut da und hat ein wenig Unterricht einfließen lassen. Mitgemacht. Es stand EDV für Fortgeschrittene auf dem Plan. Ich habe mich weiter mit den Übungsaufgaben beschäftigt, welche Plaut mir vergangene Woche gegeben hat. Excel, Wenn Formeln. Bei Fragen meinerseits ist er jederzeit da. Was sonst. Und die anderen kann er zu Ihrem Glück ja auch nicht zwingen. Alle Achtung Plaut, wie hält man das bloß durch.

**Donnerstag der 20.11.2014**

La la la. Alles ödet vor sich hin. Heute besonders schlimm. Aber viel ist ja heute auch nicht los. Tipp 10 Tante übt wieder Ihr Prográmmchen. Man muss doch langsam verblöden wenn man jeden Tag nur versucht einen vorgegebenen Text abzuschreiben. Egal. Ich beschließe nachdem ich meine Jobbörsen durchforstet habe etwas für mein Gehirn zu machen. Ich werde den Tag mal nutzen und etwas lesen. Das bildet auch und entspannt die Seele. Dann hab ich eine neue Idee. IQ Test. Ich begebe mich sofort auf die Suche und werde im Internet fündig. Hurra. Das Internet ist voll damit und ich habe eine Beschäftigung für den ganzen Tag gefunden. Schneide zwischen 115 und 125 ab. Das ist nicht herausragend aber zeigt mir: **Ich denke noch!**

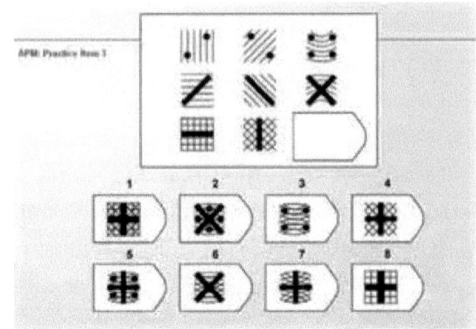

**Freitag der 21.11.2014**

Wie soll es anders sein. Sitze wieder mit Tipp 10 und Tom alleine im Raum rum. Das wird zur täglichen Herausforderung. Nach Jobbörsen folgt erst einmal Gar nichts. Aber davon reichlich. Bis zur Mittagspause versuche ich mir etwas über die griechische Mythologie anzueignen. Das funktioniert reibungslos. Danke Wikipedia. Dann erreichen wir auch schon den Nachmittag. Plaut Time für Fortgeschrittene heißt des Programm. Das bedeutet für Tipp 10, Tom und mich. Da Tipp 10 ja beschlossen hat sich nur noch dem Tipp 10 Programm zu widmen, fällt sie schon mal raus. Bleiben also Tom und ich. Plaut ist dazu übergegangen nichts mehr vorzubereiten. Wozu auch. Ich hab mein ECDL durch, Tom 2 Prüfungen die Ihm reichen und Tipp 10 interessiert hier nichts mehr. Klar fragt Plaut was wir denn machen wollen. Aber nachdem ich Ihm erklärt habe, dass ich jetzt keinen künstlichen Bedarf erzeugen kann sieht er ein, dass er dann wohl eher für aufkommende Fragen zur Verfügung steht. Da keine aktuellen Fragen vorhanden sind, entsteht wiederum eine entspannte Gesprächsrunde. Es geht um Gott und die Welt. Vom Längengradproblem über Newton bis hin zu Plauts Übungsraum Erfahrungen mit der Hamburger Punkband Slime. Schönen Gruß von hier aus an Dicken und Elf. Lasst es im Dezember auf euren Konzerten krachen.

**Montag der 24.11.2014**

Es ist mal wieder Montag. Ich habe heute Morgen einen Termin beim Arbeitsamt gehabt. Ich habe das Schreiben bezüglich der Verlängerung des Übergangsgeldes zurück erhalten da ich mich noch nicht arbeitslos gemeldet habe. Das habe ich heute nachgeholt. Allerdings musste ich, obwohl ich erster im Saal war, eine gute Stunde warten. Bundesweiter Serverausfall. Hat mich überhaupt nicht weiter gestört, Zeitung hatte ich dabei. Ein schöner Zufall sorgte dafür, dass ich die gleiche freundliche Dame zugewiesen bekam wie beim letzen Besuch. Sie konnte sich auch gleich an mich erinnern. Somit bin ich also ab heute wieder arbeitslos. Leider konnte Sie mir auch nicht genau sagen, wie es weiter geht. Zum Hartz IV Amt muss ich auf alle Fälle. Das war mir aber bewusst. Nachdem alles erledigt ist, fahre ich gemütlich ins EDV Zimmer. Michaela, Tom und Tipp 10 sind da. Silke hat natürlich schon opportunistisch vorgearbeitet. Sie stellt klar dass Sie die Pause mit Michaela verbringt. Die arme. Mir egal, muss in der Mittagspause kurz zur Post und zur Haspa. Zum Glück alles um die Ecke. Dann nach der Pause das gleiche Geöde wie jeden Tag. Michaela spielt mit Ihrem Handy. Silke übt wieder Ihr albernes Tipp Programm. Wenn ich Sie wäre, würde ich ja zumindest noch eine ECDL Prüfung machen. Dafür gibt es zumindest ein Zertifikat. Auch wenn es nicht viel Wert ist. Michaela kann ich leider auch nicht mehr motivieren Ihre letzte ECDL Prüfung zu machen. Schade, jetzt haben wir Sie soweit motiviert und Zeit hat Sie doch ohne Ende. Na ja, muss jeder selber wissen. Kollege Tom kauft sich gerade nen Opel Corsa übers Internet. 500 Euro, ein wahres Schnäppchen für 500 Euro. Ja, so hat jeder seine Aufgaben für heute erledigt.

**Dienstag der 25.11.14**

Der Raum ist voll, das Büro ist leer. Nur Frau Rotbach da. Frau Wollent krank, Frau Mertens Urlaub und einen Ersatz für die Leitung gibt's noch nicht. Der Lehrgang Nummer 3 sitzt wieder bei uns im Raum. Silke beginnt sofort Ihr Tipp Programm. Ich hab mir eine gute Arbeitsstelle rausgesucht. Bauer Media, telefonische Kundenbetreuung. Die mache ich heute fertig. Die neuen Kollegen sind unterhaltsam. Sie mucken langsam auf. Der Lange, so nenne ich Ihn mal, stellt empört fest das Ihm hier Gar nichts geboten wird. Außer Entspannung! Aber da macht er nicht mit, bei dem Gedudel von der CD. Wie sich die Bilder doch gleichen und wiederholen. Wenn er nicht flunkert hat er auch schon einen Schwung Bewerbungen rausgehauen. Keine Resonanz. Alles wiederholt sich.

## Mittwoch der 26.11.2014

Die Situation spitzt sich in gewisser Weise zu. Der EDV Raum ist voll. Anwesend sind Andreas, Sabbel, Tipp 10 Silke, der Lange, Hans, Anja, die neben Anja, Tom und ich. Das bedeutet es bleiben 2 leere Plätze im Raum. Und Plaut will heute Unterricht halten. EDV für fortgeschrittene. Aber die Anfänger sind ja auch hier im Raum. Die haben heute Nachmittag Unterricht. Grund ist, dass der hintere kleine Raum wieder von Reha fremden genutzt wird. Das bedeutet:

**Die Räumlichen Kapazitäten für die Reha Maßnahme zurück in Arbeit, haben sich auf einen einzigen Raum, den Titelgeber dieses Buches minimiert.**

Und dann stellt sich wiederum die Frage, was passiert kommende Woche. Da ist doch schon eine Nachfolgegruppe angekündigt. Die wird sich dann wohl in Luft auflösen müssen. Aber vielleicht kann ich mich ja freistellen lassen. Stelle meinen Platz gerne zur Verfügung. Ich würde mich auch bereit erklären, einen Leistungsnachweis zu erbringen was ich täglich gemacht habe. Den könnte ich dann ja gerne um 15:00 Uhr an die Damen mailen. Alles wäre gut. Ich hätte eine leidensgerechte Umgebung, entspannte Atmosphäre, voll funktionierende Hardware die Faktor 20 x schneller ist als der Schrott hier. Und ich garantiere dafür, dass mein erbrachtes Leistungspensum mindestens genauso hoch ist wie im völlig überfüllten und schlecht ausgestatteten EDV Raum. Plaut ist erst einmal damit beschäftigt sich funktionierende Hardware zusammen zu kramen. Das dauert auch erst einmal bis 9:00 Uhr. Er kann nichts dafür! Habe gerade einen Anruf von der Rentenversicherung erhalten. Es geht um die Fortzahlung des Übergangsgeldes. Soweit ist alles in Ordnung. Nach Beendigung der Maßnahme bekomme ich drei weitere Monate Übergangsgeld gezahlt. Das ist natürlich die beste Nachricht des Tages. Ich werde die Zeit zur intensiven Jobsuche nutzen. Die Mittagspause naht heute auch in rasenden Schritten. Werde Pommes essen gehen. Nach der Pause startet Plaut seinen Anfängerkursus Excel. Hier im Raum. Bin gespannt was er so macht. Auch auf die Wiederholung sämtlicher Kalauer.

**Donnerstag der 27.11.2014**

Aus welchen Gründen auch immer, heute sitzen die Kollegen Gruppe 3 wieder bei uns im Raum. Also volle Hütte. Ich muss dazu allerdings klar sagen, dass es wesentlich angenehmer ist. Die neuen bringen Unterhaltung rein. Endlich mal andere Gesichter und andere Geschichten. Helfen, tut das beruflich natürlich nicht unbedingt das Unter-Tage Geschichten erzählt werden. Hab dem Ex Bergmann gegenüber mal ein freundliches „Glück auf" zugeworfen. Das ist jetzt zum Lacher geworden. Hätte ich bloß nichts gesagt. Aber es sind ganz nette Leute. Donnerstags ist ja auch einer der Eigenarbeitstage. Wie jeder seit Monaten. Aber alle beschäftigen sich mit irgendwelchem Mist. Ich mache auch nichts, die Luft ist langsam raus. Ich fahre schon mal den Betriebsmodus etwas herunter. Hab noch knapp 20 aktive Tage und die werde ich mir recht gemütlich machen. Weiter ist heute nichts passiert.

**Freitag der 28.11.2014**

Was liegt heute an. Erst einmal die monatliche Zahlscheinarie. Also abgeben im Büro. Dann geht's wieder ab in den EDV Raum. Heute wieder nur Tom und ich anwesend. Der hintere Schulungsraum ist wohl wieder frei und Gruppe II hat Zutritt. Freue mich schon auf Montag, da kommen die neuen. Wieviele, wird sich zeigen. Aber dann werden die Gruppe II Probanden ja wohl für den Rest meiner Tage in den EDV Raum kommen. Hurra dann gibt es Unterhaltung. Irgendwann erscheint Frau Mertens und fragt mich ob ich denn mal eine Akquise Liste für Sie hätte. Für die Unterlagen Rentenversicherung! Knopfdruck und sieben Seiten schießen aus dem Drucker. Lebenslauf und Musteranschreiben hinterher. Ja gute Vorbereitung ist das halbe Leben. Navi tut sich damit etwas schwerer. Er scheint etwas überrascht zu sein. Aber zum Mittag hin hat er auch was fertig gemacht. In wieweit die Unterlagen allerdings der Realität entsprechen, wird wohl nie jemand überprüfen. Meine sind traurige Realität. Dann am Nachmittag die EDV Stunde mit Plaut. Und Andreas hat sich noch zu uns gesellt. **Plaut fragt nach ob er nun Kaffee ausgeben kann. Das scheint mir eine etwas ungewöhnliche Einleitung zu** sein. Dann hake ich nach. Naaaa Plaut was ist denn los. Er setzt sich zu uns und teilt mit, das seine Beschäftigung bei der DIE SCHULE Schule zum Ende des Jahres hin endet. Sein Vertrag wird nicht verlängert. Hintergrund ist, dass die DIE SCHULE Schule wohl einige Ausschreibungen nicht erhalten hat. Das hat zur Folge, das fest angestelltes Personal frei wird und somit Aufgaben übernehmen muss, welche vorher von Kollegen wie Plaut übernommen worden waren. Ja Plaut, das tut mir wirklich. Das meine ich ehrlich!! Schade. Auch den Deutschunterricht im dritten ist er los. Und ein anderes Eisen im Feuer hat er auch nicht. Mist. Den EDV Unterricht wird dann Herr von Ast übernehmen. Das kann ja was werden. Netter Typ, aber eher der EDV Beauftragte als der Kollege mit Dozentenqualitäten.

**Montag der 01.12.2014**

Wieder ein Montag. Heute weiter nichts im Angebot. Frau Mertens ist auch schon wieder erkrankt. Also mache ich mich an die täglichen Aufgaben heran. Fertig nach drei Minuten. Die Stimmung ist einigermaßen, da hier jetzt ja ein paar Leutchen mehr rumsitzen. Doch die Zeit vergeht leider wieder gar nicht. Andere spielen wieder auf Ihren Handys rum. Hab leider immer noch keins. Der Kaffeeautomat lockt mich jede Stunde. Durch zu viel Kaffee werde ich schon wieder müde. Ich nehme mir die Internetseiten vor. Hoffnung, was Schickes zu finden hab ich nicht mehr. Aber Zeit hab ich, Zeit ohne Ende. Also drucke ich mir drei Angebote aus. Star Car, giffits Geschenkartikel und noch einen. Die werde ich dann mal raussenden. Absagen schneit es dazu parallel rein. Das versteht sich doch von selbst! Ich zähle die Tage. Drei Wochen noch. Dann ist das hier erledigt.

**Dienstag der 02.12.201**

Wieder einmal Dienstag mit gefülltem Raum. Alle Mann versammelt. Zwei neue haben heute begonnen. Das ist der Grund. Aber einer fehlt heute. Andreas, der Kollege den ich wegen seines trockenen Humors so geschätzt habe. Er hat von sich aus aufgehört. Er möchte erst noch eine Medizinische Reha machen bevor er hier mit der Beruflichen fortfährt. Das ist schlau von Ihm. Das

hätten vor Ihm ganz andere machen müssen. Aber die haben es
nicht erkannt. Wünsche dem Kollegen auf diesem Wege alles
Gute. Ansonsten öden alle rum. Dann die Erlösung. Fritz aus
dem Seemannsheim mailt mich an. Ob ich morgen Dienst machen
kann. Ich kann. Hurraaa..

**Mittwoch der 03.12.2014 bis Freitag der 05.12.15**

SEEMANNSHEIM, da ein Kollege krank geworden ist, konnte
ich drei Tage einspringen.
Danke Seemannsheim. Das ist wie Urlaub hier zu arbeiten!!

**Montag der 08.12.2014**

## Zitat des Tages

*Durch die Wohnortnähe unseres Angebots ermöglichen wir die
Integration des sozialen Umfeldes bei der Qualifizierung und
Wiedereingliederung. Über konkrete berufliche Perspektiven in
Zusammenarbeit mit jeweils regionalen Unternehmen unterstützen wir Sie nachhaltig in ihrem Integrationsprozess.*

Das musste ich auf der Seite des Anbieters entdecken, welcher die
Maßnahme durchführt an der ich gerade teilnehme. Während
meines einjährigen Aufenthaltes in dieser Maßnahme in Hamburg Hammerbrook Süd, habe ich insgesamt mitbekommen das:
3 Praktikumsplätze durch Personal vermittelt wurden, Tom und
Bibo. Hausmeistertätigkeit und Aktenarchiv. Ein Arbeitsplatz
vermittelt wurde. Bei beschriebener Kaffeerösterei, zu nicht annehmbarer Bezahlung. Die Kollegin macht den besagten Zweitjob
um finanziell über die Runden zu kommen.

**ein kleines "Vorab"-Resümee!**

Menderes hat sich seinen Job durch Mehrfachbewerbungen an
den gleichen Arbeitgeber besorgt. Allerdings hat er immer noch
zu wenig Stunden um anständig existieren zu können. Axel ist
zur Spedition, selber besorgt. Michaela 2 ist zur Umschulung.
Ghost hat abgebrochen. Maren hat abgebrochen, Bibo hat abge-

brochen. Andreas hat abgebrochen. Reiner tauchte einfach nicht wieder auf. Auch hatten wir 2 polnische Teilnehmer, Sie hat abgebrochen, er sich in Arbeit gebracht. Silke 800 Euro Job. Michaela nichts. Ivonne auch nichts. Mir und anderen Teilnehmern ist nicht bewusst, dass durch die Schule weitere Teilnehmer in Unternehmen vermittelt wurden. Liebe Teilnehmer zukünftiger Maßnahmen, seid vorbereitet. **Es gibt gar keine Unternehmen mit denen die Schule zusammenarbeitet!!** Nach 4 Wochen steht Ihr hier auf dem Schlauch. Es ist einzig und alleine an euch, sich Unternehmen zum Erproben zu suchen. Hilfe bekommt Ihr nicht. Es sei denn Ihr legt gesteigerten Wert auf die Entspannungs- und Atemübungs CD. Die steht euch jederzeit zur Verfügung. Wenn der Entspannungsraum nicht gerade belegt oder verschlossen ist. Das bedeutet: Aus der Gruppe die gemeinsam mit mir begonnen hat, hat eine Person einen Job gefunden, allerdings mit noch immer zu wenig Stunden.

# Erfolgsquote haben wir!!!!

### Dienstag der 09.12.2014

Der Tag beginnt ganz lustig. Tippsilke sitzt an Ihrem Arbeitsplatz und wird gefordert. Frau Wollent hat festgestellt, dass der Lebenslauf so nicht in Ordnung ist. Inhaltlich kann ich das nicht beurteilen, es geht halt wohl auch um die Optik. Was mir bei der ganzen Sache Angst bereitet ist der Zustand das Silke ja genauso lange hier ist wie ich. Jetzt stellt sich mir die Frage, nein sie drängt sich mir förmlich auf. Welche der beiden Parteien hat hier versagt? Entweder ist Frau Wollent tatsächlich nach einem Jahr zum ersten Mal über den Lebenslauf von Silke gefallen, was ich nicht glauben kann. Oder Silke hat es zu gut verstanden sich fast ein Jahr lang im Hintergrund zu halten. Immer bei Bekannten in diversen Praktika. Da fällt es erst jetzt auf, das Ihre Unterlagen wohl nicht in Ordnung sind. Sie selber hat das wohl auch noch nicht bemerkt. Jetzt kommt Sie unter Druck. Sie bekommt es allerdings nicht hin. Das allerdings, hätte man hier alles lernen können!

**Mittwoch der 10.12.2014 ( 10 Tage und der Rest von heute )**

Wir haben wieder Mittwoch. Aber soweit liegt mal wieder nichts an. Plaut kommt erst heute Nachmittag dran und ich haue etwas früher ab zum Seemannsheim. Abrechnung und den Dienstplan nochmal mit Frau Schmidt überfliegen. Ich werde während der SCHLIEßTAGE ein paar Schichten übernehmen. Im EDV Raum herrscht merkwürdige Ruhe. Besinnlichkeit in der Vorweihnachtszeit ist das sicher nicht. Getrübte Stimmung weil alle inklusive Dozenten bald arbeitslos sind! Mal schauen was uns der Tag noch so bringt. Nichts!

**Donnerstag der 11.12.2014**

Die Luft ist raus. Ich hänge durch. Das scheint bei den anderen meiner Gruppe nicht anders zu sein. Tipp 10 Silke kommt wie immer zu spät und wagt es tatsächlich sich darüber aufzuregen das Thomas (der Lange) Sie mit Gleitzeit begrüßt. Ich glaube Sie begreift nicht worauf er anspielt. Manchmal denke ich beim Thema Pünktlichkeit darüber nach wie gut es wäre, die alte Stechuhr wieder einzuführen. Sowohl für den Arbeitgeber als auch den Arbeitnehmer eine erprobtes Werkzeug seine tatsächlich erbrachte Zeit zu belegen!! Ich bin Fan der Stechuhr!
Ich glaube es werden schwere Letze Tage.

**Freitag der 12.12.2014**

Wir nehmen Abschied von unserem Dozenten Plaut. Er hat heute wie ich schon im Vorwege beschrieben habe seinen letzten Tag. Entsprechend schlecht ist natürlich auch die allgemeine Stimmung. Es hat einen kleinen Anschein von untergehendem Schiff. Oder wie war das mit den Ratten. Plaut versprüht verständlicherweise auch nicht gerade die beste Laune. Zweckoptimismus trifft seine Haltung hier schon am besten. Ich versuche Ihn aufzubauen. Ich empfehle Ihm für den Rest der Wintermonate eine verbilligte Mitgliedschaft im Sonnenstudio. Happy Hour Tarif bis 17:00 Uhr. Zeit hat er tagsüber jetzt ja genug. Und kann eine Menge Geld sparen und sieht gut aus und kann entspannen und und und. Er findet diese Idee nicht so witzig. Ich hab mir eine Dauerkarte gekauft! Selbstverständlich verabschiede ich mich zum Feierabend hin unter 4 Augen von Plaut und bedanke mich für die getane Arbeit. Mir hat Plaut sehr geholfen, denke ich bin jetzt wesentlich sicherer im Umgang mit dem Office Paket und so manch gute Anregung ist ja auch in dieses Buch geflossen. Vielleicht sehen wir uns ja mal auf dem Arbeitsamt, ne mein Plaut im Ernst, ich wünsch Dir echt alles Gute!

**Montag der 15.12.2014**

Nichts los. Hans, Thomas, die die hinten links sitzt, Myrthe, Tom und ich. Mehr ist nicht los. Frau Mertens ist weiterhin krank. Frau Rotbach sitzt also ganz alleine im Büro. Ich mache etwas Konversation. Freundlich bietet Sie mir an mich gerne mit Fragen an Sie zu wenden so lange Frau Mertens krank ist. Das ist freundlich. Weiter passiert nicht viel. Habe mich entschieden am Donnerstagmorgen noch mal zur Jobbörse zu fahren. Außerdem hab ich einen Vorstellungstermin bei der Fa. Books on Demand erhalten. Werde gegen 11 Uhr nach dem Behördengang dort aufschlagen. Bin sehr gespannt und etwas Aufregung macht sich auch breit. Endlich mal eine Einladung zum Gespräch vor Ort. Rentenversicherung erreiche ich nicht. Herr XXX ist selten greifbar. Werde es weiter versuchen.

**Dienstag der 16.12.2014**

Hurra heute ist wieder ein Tag im Seemannsheim. Es ist Weihnachtsfeier und ich übernehme die Schicht für Tom. Er ist der Kollege welcher mich eingearbeitet hat. Er hätte regulär Dienst gehabt, aber ich glaube er hätte es übel genommen nicht mit zur Feier gehen zu können. Deshalb mach ich die Schicht. Ein ruhiger Abend soweit. Ein paar Abendessen fertig machen. 5 Seeleute haben Hunger. Ein paar Check-ins und das war. Und ich bin froh wieder einen Tag raus zu sein.

**Mittwoch der 17.12.2014 ( 5 und der Rest von heute )**

Da bin ich wieder. Mir fällt es langsam sehr schwer zu schreiben. Mir wird kein Stoff mehr geboten. Da hier nichts weiter passiert außer langer Weile und dem täglichen maximal einstündigen Jobbörsen durchforsten, kann ich auch nichts mehr zum Besten geben. Aber, einen hab ich noch. Gestern bei meiner Abwesenheit gab es wieder eine eingeschobene Unterrichtseinheit. Durchgeführt von Frau Wollent. Und was ich jetzt schreibe ist 100 Prozent wahr!! Der Unterricht lautet:

WIR SCHREIBEN EINE WEIHNACHTSKARTE AN EINEN EVENTUELLEN ARBEITGEBER

Ich hatte mich schon gewundert warum vorne auf dem Schreibtisch Weihnachtskarten herumliegen. Das ist die Erklärung. Ein Mustertext steht auch an der Tafel. Und jetzt festhalten, folgenden Text soll man laut Ihrer Meinung tatsächlich an eine Firma schicken, die einen noch nicht kennt und an die man eine seriöse Bewerbung schicken will. Ich gebe Wort für Wort wieder:

> Sehr geehrte Frau Ansprechperson,
> das Jahresende ist eine besonders
> stressige Zeit. Daher möchte ich Ihnen
> zunächst erholsame Feiertage wünschen.
> Meine Bewerbungsunterlagen erhalten
> Sie dann im neuen Jahr.
> Mit freundlichen Grüßen

Ja, da mag jetzt jeder für sich selber entscheiden was er davon hält. Ich würde so etwas nicht raussenden. Aber wie gesagt, machen Sie sich Ihre eigenen Gedanken dazu. Das war`s

**Donnerstag der 18.12.2014**

Heute war ein äußerst erfolgreicher Tag. Habe morgens meinen Abschlussbesuch bei der Jobbörse gemacht und mich zum 06.01.14 für Bezüge angemeldet. Sprich, habe den Papierkrieg vor Ort erledigt. Aufgrund meiner Behördenerfahrung habe ich sämtlich Unterlage dabei gehabt. Das reicht von sämtlichen Dokumenten meiner Arbeitslosigkeit über die letzten 3 Monate, Kontoauszüge, Verdienstbescheinigungen meiner Frau etc. etc. Das war gut so. Komplett alles vor Ort erledigt. Das schützt mich allerdings nicht davor, am 06. Januar vorstellig zu werden. Das wird aber nur eine Minutensache. Sagte die Dame am Empfang jedenfalls. Da ich sowieso hier in der Nähe des Verlages war und meinen Bewerbungstermin hatte, schaffte ich es gegen 11:00 Uhr samt Bewerbungsmappe pünktlich zu erscheinen. Ich hatte mir große Mühe bei der Erstellung des Deckblattes meiner Bewerbungsmappe gemacht. Das fiel sofort auf. Ich bekam gleich ein Lob dafür, Kreativ und Aufgabenbezogen. Wir begaben uns dann in einen Besprechungsraum. Dann können wir ja gleich das Bewerbungsgespräch führen. Es entwickelte sich ein 1,5 Stündiger Dialog ohne Hänger, Pausen oder ähnliche immer recht störende wenn nicht sogar peinliche Momente. Inhaltlich wurde alles angerissen. Er beschrieb die Firma, den Job (es sollen evtl. 2 Stellen besetzt werden), die Druckerei usw. Alles spannend und interessant. Es war nicht nötig Interesse vorzuheucheln. Auch entnahm ich einigen Nebensätzen und Andeutungen von Ihm das er wohl nicht auf der Suche nach einem Schema F Mitarbeiter sei, sondern nach einem individuellen Mitarbeiter. Ich horchte auf. Wie gesagt, tolles Gespräch. Aber auch wir waren irgendwann durch. Am Ende bemerkte er das er mit einigen Bewerbern nicht mal 20 Minuten schafft, dann kommen die Gespräche häufig ins Stocken. Ich bemerkte, „ und langweilig war's aus nicht oder?" Darauf sein für mich super wichtiger Kommentar:

**Ich wollte einfach wissen ob Sie authentisch sind!**

Das war's was ich hören wollte und vermitteln wollte. Mich als Person und nicht den ich hab auf jede einstudierte Frage die richtige Antwort Heini. Wir verbleiben. Er wird der Geschäftsleitung einen weiteren Termin vorschlagen. Zweites Gespräch ist unumgänglich. Dazu werde ich im Januar eine Einladung von Ihm erhalten. Das verspricht er mir. Mittlerweile ist es 12:30 und ich hänge in Garstedt. Ich rufe bei der DIE SCHULE Schule an und schildere den Verlauf des Vormittags. Meine Frage ob ich noch reinkommen muss wird verneint. Das hätte sich auch wirklich nicht gelohnt. Im Gegenzuge verneine ich die Frage ob ich an dem Weihnachtsfrühstück teilnehmen möchte. Die genaue Erklärung hebe ich mir für den Montag auf. Dann fahre ich direkt durch zu meiner Frau. Etwas vorbeibringen. Als ich nachmittags nach Hause komme traue ich meinen Ohren nicht. Herr Müller bittet mich um Rückruf zwecks Terminvereinbarung für das Gespräch mit der Geschäftsleitung .Dann mal ran an den Feind. Ein guter Tag ist beendet!!! Im Januar erhalte ich dann nach erfolgten Zweitgespräch eine formlose Absage via Mail.

**Freitag der 19.12.2014**

Es ist wieder traurig. Michaela sitzt hier alleine rum. Sie spricht auch kaum noch. Nachdem Ihre neue Bezugsperson Tipp 10 nicht anwesend ist hängt Sie richtig ab. Zeitweise schläft Sie ein. Kann natürlich auch an der Schicht in der Kneipe liegen die Sie gestern Abend geschoben hat. Jetzt fängt Sie auch noch mit Tipp 10 an. Meine Nerven legen blank! Gegen 11:30 startet Frau Wollent Ihr neues Projekt Vortragsreihe Gesundheit. Diese soll jetzt monatlich stattfinden. Ich hoffe es ist Frau Wollent bewusst, dass von den 5 anwesenden, 3 Personen nur noch 3 Tage hier sind. Das scheint Sie nicht weiter zu stören. Sie startet Ihre Einführung. Ab kommender Woche wird Sie hier dann mit den 2 neuen sitzen. Sie plappert Ihren Stoff gnadenlos runter. Michaela hat Ihr den Rücken zugedreht. Ich schreibe gerade das hier. Navi hat gesagt er blendet sich aus. Stört Sie nicht. Nochmal zu gestern. Ich habe an der Wand entdeckt, dass die Damen tatsächlich am Früh-

stückstag, ein Ramschjulklapp machen wollen. Das wird ja immer lächerlicher. Da fällt mir irgendwie der Begriff **C14** oder **Eurodyn 2000** ein. Das wäre ein schönes Überaschungspaket. 11:45 Uhr, Sie plappert immer noch weiter ohne Unterbrechung.
**Zitat des Vortrags und des Tages:**
**Psychotherapie ist wirksamer als eine Bypass-Operation.**
Wo hat Sie denn diesen Spruch her?
Danke es ist Mittag. Ich halte es nicht mehr aus. Aber für heute reicht es auch, der Nachmittag bringt nichts Schönes mehr.

**Montag der 22.12.2014**

Ich gehe nur noch als Hülle hin. Alles Andere hat schon abgeschaltet. Und so gestaltet sich auch der Tag, Ich freue mich auf die letzten Schließtage meines Lebens, es sei denn ich fahre irgendwann noch in eine JVA ein. Da wird es wohl ähnlich heißen. Also will ich hier auch gar nicht weiter berichten. Ein paar Anwesende hängen ab. Mehr auch nicht. Alle haben sich verabschiedet.

**Dienstag der 23.12.2014**

Nichts, Nichts, Nichts mehr los. Das Frühstück findet statt, ohne mich. Ich kann auch keine Gesichter mehr ertragen.
SCHLIEßTAGE bis zum 05.01.2015

# Montag der 05.01.2015

## Der letzte Tag der Maßnahme

Der letzte Tag der Maßnahme. Was hatten wir uns nicht alles vorgenommen. Meine Mitstreiter und ich. Aber was draus geworden ist habe ich ja hinreichend im vorgeschobenen Fazit geschildert. Aber auch heute am letzten Tag soll es wieder so sein wie immer. Zum Abschluss der Maßnahme gibt es einen Erinnerungstag an alte Zeiten. Die Räume der Einrichtung sind EISKALT. Während der Schließtage wurden die Heizungen runtergefahren. Das ist ok. Aber niemand hat sie wieder hochgefahren.

Arktische Temperaturen wie kurz nach dem Umzug. Keiner hat dazu gelernt. Wir ja auch nicht. Am kältesten von unten. Da ist ja auch das offene Parkhaus. Aber die Leitung stört das nicht, dann frieren wir halt. Zu meiner Überraschung steht der Kollege Menderes wieder im Raum. Er sagt sein Ausflug in die Möbelindustrie sei hiermit beendet. Also, doch nicht vermittelt. Dann kommt Frau Mertens auf mich zu und möchte ein Abschlussgespräch mit mir führen. Gerne. Ich teile Ihr mit das meine Beurteilung der Maßnahme zu einem späteren Zeitpunkt erfolgen wird. In Form eines Buches. Das scheint Sie sehr zu verunsichern. Das Gespräch bleibt oberflächlich. Ich habe auch keine Lust konkret zu werden.. Könnte den falschen Ton treffen. Ich rate Ihr als engagierter Person zu einer sinnvolleren Tätigkeit. Sie ist noch jung und ich denke, sie kann eine Menge ausprobieren. Das hier, ist doch nix.

# FAZIT AUS 12 MONATEN

## Eduardo, alias Menderes ist wieder da!

# DANKSAGUNGEN

Mein herzlicher Dank für die Unterstützung geht

- ➢ an meine weltbeste Ehefrau. Danke für Deine endlose Geduld und Treue.

- ➢ an Volker, meinen Weggefährten und besten Gesprächspartner. Ohne Dich hätte ich es niemals unbeschadet überstanden. Ich hoffe wir bleiben in Kontakt.

- ➢ an alle Kaffeeverkäufer in Hamburg Hammerbrook. Gebt euch mehr Mühe

- ➢ an alle Mitwirkenden. Ihr seid wirklich so.